Friedrich Silcher

Hermann Josef Dahmen

FRIEDRICH SILCHER

KOMPONIST UND DEMOKRAT

EINE BIOGRAPHIE

MIT 48 ABBILDUNGEN

EDITION ERDMANN IN
K. THIENEMANNS VERLAG

Die Abbildungen auf dem Schutzumschlag zeigen Friedrich Silcher im Alter von etwa 30 Jahren (Ausschnitt aus einem Gemälde von Christof Friedrich Dörr) und das Manuskript des Liedes „Loreley" vom 26. Mai 1853.

Autor und Verlag danken dem Silcher-Museum in Schnait, dem Städtischen Museum Ludwigsburg, dem Universitätsarchiv Tübingen, dem Kulturamt der Stadt Tübingen/Fotostudio Peter Neumann (Ammerbuch), der Landesbildstelle Württemberg, dem Institut für Hochschulkunde Würzburg und dem Besitzer des Silcher-Gemäldes für die freundliche Bereitstellung von Abbildungsvorlagen.

Sehr herzlich danken wir auch der Württembergischen Hypothekenbank in Stuttgart für die großzügige finanzielle Förderung dieses Buches.

INHALT

Einige Worte vorweg

Schon als Kind lernte ich die Volks- und Kinderlieder Friedrich Silchers kennen, allerdings ohne zu wissen, daß sie von Silcher waren, und auch ohne von Silcher etwas zu wissen. Später, als ich mein Studium und meine Sängerlaufbahn begann, lernte ich auch seine anderen Werke kennen und schätzen, ganz besonders seine „Beethoven-Lieder", die er nach Melodien aus Beethovens Klaviersonaten und Sinfonien geschrieben hat. Sie gefielen mir so gut, daß ich sie in Konzerten sang und auch auf Schallplatten aufnahm.

Bei den „Herbstlichen Musiktagen Urach 1982" veranlaßte ich, daß Silcher in mehreren Veranstaltungen durch Konzerte und Vorträge besonders herausgestellt wurde, was ein weites Echo fand.

Ich begrüße es sehr, daß man Friedrich Silcher anläßlich seines 200. Geburtstages 1989 in ganz Deutschland und auch im Ausland besonders ehrt und daß die Edition Erdmann in Stuttgart eine neue, umfassende Silcherbiographie von Prof. Dr. Hermann Josef Dahmen, dem Leiter des „Silcher-Archivs" und Silcherexperten, herausgibt. Diese Biographie soll das oft verzerrte Bild Silchers korrigieren helfen und ihm und seinem Werk die gebührende Anerkennung verschaffen. Ich wünsche diesem Buch eine weite Verbreitung bei den zahlreichen Freunden Friedrich Silchers im In- und Ausland.

„Nur der beschränkte Hochmut eines Engherzigen
kann der Kunst, die den Anspruchslosen gefällt,
jeden Kunstwert absprechen... Unsere Zeit hat den
Sinn für diesen Typus des Menschen, des Künstlers
verloren, für den reinen Künstler, der zum Volk für
das Volk spricht, nicht für sich und einige Gleich-
gesinnte."
Romain Rolland
(Das Leben G. F. Händels, 1910/1985)

„Natürlicherweise hört die Macht der Überzeu-
gungskraft dort auf, wo auf der anderen Seite der
eherne Wille zum Unverständnis herrscht... und
sich an ein Bild gewöhnt hat, an das er so fixiert ist,
daß er sich nun nicht mehr davon trennen kann
oder will... Es gilt demnach für den Leser nicht nur
die Wahrhaftigkeit des Versuches eines anderen Bildes zu prüfen, sondern auch seinen eigenen Willen,
ein vorgefaßtes Bild abzustreifen."
Wolfgang Hildesheimer
(Mozart, 1977)

„Es gibt kaum einen Künstler, dessen Wesen und
Bedeutung in einer Biographie für alle Zeiten festzu-
legen sind. Jeder neuen Generation erscheint eine
historische Persönlichkeit in anderem Licht. Voraus-
setzung für ernst zu nehmende Arbeiten, die nicht
nur subjektive Wertungen sein wollen, ist eine
genaue Kenntnis des vollständigen Œuvres."
Boris Blacher
(in J. Rufer: Arnold Schönberg, 1959)

Ein anderes Bild

Vor dem Hintergrund des politischen und kulturellen Lebens seiner Zeit, die alles andere als eine biedermeierliche Idylle war – die Zeit des Vormärz und der Unruhen der 48er Jahre –, erscheint uns heute Friedrich Silcher als eine überragende Musikerpersönlichkeit, die mit *dem* Silcher nichts gemein hat, als der er bis heute noch in vielen Kreisen fälschlicherweise verehrt oder verachtet wird.

Auf der einen Seite verschloß sich leider vor allem die Fachwelt den Volksliedsätzen Silchers – zum Teil mit Recht, wenn sie mit billigen Effekten oder sentimentaler Verkitschung gesungen wurden und in entstellenden Drucken erschienen. Leider begnügte man sich aber damit, nur einen kleinen Teil seines kompositorischen Schaffens (aus dritter und vierter Hand und dann noch entstellt) kennenzulernen, ohne sich der Mühe zu unterziehen, den wahren Silcher und den ganzen Umfang seines Wirkens und Werks zu erforschen. Auf der anderen Seite sind es bis heute gerade manche seiner sogenannten Freunde und Verehrer, die dieses Zerrbild von Silcher aufbauten und pflegen. Hier könnte man sagen, man sollte Friedrich Silcher vor seinen Freunden schützen, die ihm mehr schaden als nützen!

Silcher war dem politischen Geschehen seiner Zeit gegenüber (schon allein aufgrund seiner engen Zusammenarbeit mit seinen Studenten und durch seine Mitarbeit am Allgemeinen Deutschen Kommersbuch) stets aufgeschlossen. Er setzte sich für das zeitgenössische Schaffen ebenso ein wie für historische Musiken. Er war – nicht zuletzt mit und durch seine Schüler – beim Aufbau der deutschen Kirchen- und

Schulmusik im 19. Jahrhundert in wichtigen Phasen beteiligt. Er zeigte sich nicht als ein weltfremder und sentimentaler Traumtänzer, sondern als ein nüchterner, von umfassender pädagogischer und musikhistorischer Sachkenntnis getragener eifriger Streiter für die gesamte Musikkultur und für die musikalische Volkserziehung jener Jahre.

Wenn zwei Jahrhunderte nach Silchers Geburt vor allem seine Lieder, Lieder, die er sammelte und die er selbst schuf und die zu Volksliedern wurden, und ein großer Teil seiner Chorlieder zum festen Bestandteil des Repertoires weitester Kreise in Deutschland und darüber hinaus in aller Welt gehören, so ist dies nur möglich, weil Silcher als Komponist – wohlgemerkt nicht als „Liedermacher" – eine hohe künstlerische Substanz zu eigen war, eine von vielen Komponisten angestrebte Genialität der Einfachheit, die auch durch manche dilettantische Entstellungen seiner Werke nicht in Zweifel gezogen werden kann.

Um dem Leben und Wirken Silchers aus der Sicht seiner Zeit nachzugehen, wurden hier vor allem Dokumente wie seine Briefe und sonstigen Schriften (z. T. zum ersten Male) veröffentlicht, die teils nur noch schwer zugänglich sind. Aber auch Zeugnisse seiner Freunde und Schüler zeigen ihn, wie er von diesen geschätzt, verehrt und geliebt wurde, als Mensch, als Pädagoge, als Musiker und schließlich als Volkslied- sammler und -schöpfer.

Auf die Aufnahme einer Genealogie der Familie Silchers wurde hier verzichtet. Sie erscheint im 2. Band der „Beiträge zur Silcherforschung", der auch eine Zeittafel zu Silchers Leben enthält. Auch Werkanalysen und spezielle Fragen zu Silchers Leben und Werk sowie zum kulturellen Umfeld sind diesen „Beiträgen..." vorbehalten, deren 1. Band bei der „Burgbücherei Schneider, Baltmannsweiler 1987" erschienen ist. Der Inhalt dieses ersten Bandes wird im Literaturverzeichnis nachgewiesen. Weitere Bände sind in Vorbereitung, die in freier Folge erscheinen. Die Genealogie erscheint bei dem Heinz E. Walter Verlag, Leingarten.

Friedrich Silcher wurde am 27. Juni 1789 in dem kleinen Weinort Schnait im Remstal geboren. Seiner Lehrerausbildung in Geradstetten, Fellbach und Schorndorf folgte sein Wirken als Lehrer in Ludwigsburg, als Lehrer und Lernender in Stuttgart und in Tübingen. Am 26. August 1860, morgens um 4 Uhr, nach einem langen Blasenleiden und einer zusätzlich eintretenden Lungenentzündung, starb er.

Wenn die studentische Jugend für Silcher bei dessen Ausscheiden aus dem Amte als Universitätsmusikdirektor einen Fackelzug veranstaltete, an dem sich auch alle Chöre von Tübingen beteiligten, so war dies die höchste Ehrung, die einem Dozenten der Universität zuteil werden konnte. Und sie galt nicht nur dem Volksliedsammler und -schöpfer, sondern auch dem begeisternden Dirigenten der Akademischen Liedertafel und des Oratorienvereins, dem Vermittler wertvoller Kulturgüter in unzähligen Konzerten, dem Freund dieser politisch wie auch geistig und kulturell höchst engagierten Jugend.

Silcher der Jugend unserer Tage wieder nahezubringen, sollte eines der wichtigsten Anliegen einer Silcher-Renaissance sein! Möge diese Biographie dazu beitragen, Wertschätzung und Hochachtung an die Stelle falscher Liebe oder Herabwürdigung Silchers treten zu lassen.

Sie gibt, so kurz sie auch sein mag, allen Musikfreunden, ob Freunde und Verehrer Silchers oder noch abwägend Kritische, Stoff genug, sich mit Silcher auseinanderzusetzen und nach „genauer Kenntnis des vollständigen Œuvres" – wie B. Blacher sagt – den Versuch eines anderen Bildes statt des teilweise vorgefaßten Bildes zu prüfen.

Prof. Dr. Hermann Josef Dahmen

AUS EINFACHEN VERHÄLTNISSEN

DIE KUNST AUF DEM LANDE

Wie wichtig man es in Altwürttemberg im 18. Jahrhundert nahm, daß der Schulmeister auch ein guter Musiker war, schildert der 1752 in Ludwigsburg geborene Pfarrer Johann Friedrich Christmann aus Heutingsheim (dem heutigen Freiberg bei Ludwigsburg), der selbst ein bedeutender Musikwissenschaftler und Musiker war. In seinem „Tableau über das Musikwesen im Wirtembergischen" schrieb er am 23. Oktober 1799 in der „Leipziger Allgemeinen Musikalischen Zeitung":

„Eine eigene Gattung von Kunstgenossen machen im Wirtembergischen die Schulmeister und Provisoren auf dem Lande aus. So wie sie in der Kette der denkenden Wesen jenes wichtige Glied bilden, wodurch ein ,Saltus naturae' von der Finsternis zum Lichte, von der Barbarei zur Aufklärung, von der Roheit zur Kultur vermieden wird: ebenso wichtig ist ihr Wirkungskreis für das Gebiet der Tonkunst. Auf ihnen beruht die Einführung und Erhaltung eines guten Kirchengesangs auf dem Lande, und nicht selten auch die Inokulation praktischer Klavierkenntnisse durch Unterricht, den sie der Familie des Pfarrers oder Amtmanns zu erteilen veranlaßt waren. Auch heischt es ihr Beruf, die Orgel, die man in allen Dorfkirchen, nur wenige ausgenommen, antrifft, nicht nur bei den gewöhnlichen Gottesdiensten zu bedienen, sondern auch bei andern Veranlassungen, z. B. bei einer Kindtaufe, die Gemeinde mit einem Wiegenliede zu erbauen, oder bei Leichenpredigten den hohen Trauerzustand durch den Tremulanten in seiner weinerlichen Gemütsstimmung zu erhalten.

So wenige Spuren man noch vor zwanzig und dreißig Jahren von gesundem Geschmack und Solidität im

Vortrage auf der Orgel und dem Klavier unter ihnen antraf: so sehr muß man itzt (um 1799) über die musikalische Kultur erstaunen, zu welcher sich dieselben während dieser Periode meistens durch eigenen Fleiß emporgearbeitet haben, … sodaß es jetzt zu den gewöhnlichen Erscheinungen des Tages gehört, auf den Notenpulten unserer Schulmeister die Werke eines Mozart, Haydn und anderer Tonsetzer anzutreffen.

Als ich den Konzertmeister Zumsteeg (aus Stuttgart) vor einigen Jahren zum erstenmal in meine benachbarte Dorfkirche führte, wo er Bauernkinder beiderlei Geschlechts sowohl Choral- als Figuralgesänge vierstimmig nach Noten singen hörte, so könnte ich noch mehrere Geschichten und fleißige Schulmeister anführen, welche ihre Schulkinder vierstimmig und nach Noten singen lehren."

Mit einem humorvollen Unterton fragt Christmann dann noch:

„Ob auch der von einigen Landschulmeistern eingeführte Gebrauch, in Ansehung einer Instrumentalkirchenmusik mit der Amtsstadt zu wetteifern, einiger Aufmerksamkeit würdig sey, darüber mögen diejenigen entscheiden, welche das Kapitel von christlicher Ohrentoleranz besser studiert haben als ich."

MUSIK UND BROT

So war es auch selbstverständlich, daß die Gemeinde Schnait im Remstal, nahe bei Stuttgart und heute zu Weinstadt gehörend, als sie 1782 einen neuen Schulmeister brauchte, großen Wert darauf legte, daß dieser auch musikalisch war. Darum prüfte man die Bewerber nicht nur im Lesen, Rechnen, Schreiben und in der Religionslehre, sondern auch im Singen und Klavierspielen. Unter den vier zur Wahl stehenden Schulmeistern entschloß man sich für den am 29. Juni 1755 in Rommelshausen geborenen, damals 27jährigen Johann Carl Silcher, vorher Provisor in Zuffenhausen. Er war der Sohn des am 28. August 1721 in Rommelshausen geborenen Weingärtners Johann Michael Silcher und der Maria Magdalena, geb. Dobler, aus Rommelshausen, am 12. Juni 1723 dort geboren.

Ausschlaggebend für diese Entscheidung waren „seine bewährte Rechtschaffenheit und gute Conduite" (Führung) wie auch seine „feine Methode und vernünftige Schulzucht"; nicht zuletzt aber seine vorzügliche Musikalität. Dieser gute Ruf ging ihm von Zuffenhausen voraus, wo er, wie es in einem Zeugnis von 1780 heißt, „viel Liebe bei der Gemeinde" hatte.

Da ihm aber der dortige Schulmeister Georg Adam Steiger das Leben schwer machte, hatte er sich nach einer anderen Stelle umgesehen, obwohl die Gemeinde Zuffenhausen ihn ungern gehen ließ. Als dann durch den Tod des Schulmeisters Chr. Fr. Zeyher am 29. August 1782 in Schnait die Schulmeisterstelle frei wurde, bewarb er sich dorthin.

Anscheinend war man mit seinem Vorgänger Zeyher, vor allem in puncto Musikalität, nicht so sehr zufrieden gewesen. Wohl hatte dieser die Schule in gutem Zustand, war gelegentlich auch etwas hart zu den Kindern, aber man sagte ihm nach, daß er „je und je die Liebe zum Wein", wie es in einem Bericht über ihn heißt, „gezeigt habe", was man eigentlich einem Schulmeister in einem Weinort nicht verübeln sollte, hatte doch Martin Luther schon gesagt: „Man sollte beim Dreschen dem Ochsen nicht das Maul zubinden."

Nun fand Karl Silcher – er hatte inzwischen seinen

Namen von Carolus, wie er im Taufbuch stand, in Karl geändert – keine allzu guten Bedingungen in Schnait vor. Das 1767 erbaute Schulhaus hatte ein viel zu kleines Klassenzimmer für die über 240 Kinder, die Silcher mit einem Provisor zusammen unterrichten mußte. Von seinem kärglichen Gehalt hatte er an die Witwe seines Vorgängers mit fünf Kindern jährlich 300 Gulden abzugeben. Außerdem mußte er sogar das Holz für die Schulstube selbst bezahlen. 50 Jahre zuvor hatte die Gemeinde Schnait beschlossen, dafür kein Holz mehr zu liefern, und zahlte statt dessen dem Schulmeister jährlich 10 Gulden, die aber bei den damaligen hohen Holzpreisen nie ausreichten. Auch der Schulvisitator beanstandete dies in seinem Bericht: „Die Schnaiter aber sind vorzüglich von der Art Leute, die von allem, was neu ist, nichts hören wollen. Der Amtmann Stierlin, ein billiger Mann, wäre ganz geneigt, aber die übrigen vom Magistrat, wenigstens die meisten, schreien dagegen."

So war Karl Silcher auf Nebenverdienste angewiesen. Er gab dem Sohn des Amtmanns Päfflen aus Rommelshausen Klavierunterricht. Auch hatte er den Sohn des Geradstetter Lehrerkollegen Carl Joseph Mayerlen als Schüler gegen ein Kostgeld zur Ausbildung zum Lehrer bei sich. Damals gab es noch keine Lehrerseminare oder Pädagogischen Hochschulen. Die jungen Menschen, die Lehrer werden wollten, mußten zu einem guten Schulmeister in die Lehre gehen. So erteilte Karl Silcher diesem Jungen Unterricht sowohl in den Schulfächern als auch in Gesang und Klavier.

In jener Zeit waren der Schulmeister und sein Haus auf einem kleinen Dorf wie Schnait noch viel enger mit der Gemeinde und ihrem Leben verbunden als heute. Er war sogar durch seine dürftige Besoldung auch auf landwirtschaftliche Arbeiten angewiesen, um den

Lebensunterhalt für sich und seine Familie zu sichern. Das Schulamt hob ihn kaum von den übrigen Dorfbewohnern ab. Lediglich sein Organistenamt, das immer mit dem Schuldienst verbunden war, gab ihm eine Sonderstellung. Aber sein Haus war zugleich eine Pflegestätte der Musik für das ganze Dorf.

Als Karl Silcher schon ein halbes Jahr im Amt war, heiratete er die siebzehnjährige Sattlerstochter Hedwig Heinrica Sprecher aus Zuffenhausen (geb. 7. 11. 1766). Sie war das erste Kind aus Christian Sprechers zweiter Ehe mit der Wirtstochter Heinrika Christine Schmid, das erste von insgesamt sieben. Es war eine alte Zuffenhauser Familie.

Über Karl Silchers Tätigkeit wurde nach kurzer Zeit bereits in der Schulakte vermerkt: „Er konnte sich bei dem Vorsteher und der ganzen Bürgerschaft in guten Kredit setzen und genoß bei den Kindern sowohl als bei den Eltern alle Liebe." Auch schätzten der Amtmann Stierlin und der Pfarrer M. Nicolai ihren Schulmeister so hoch, daß sie die Taufpaten seiner vier Kinder wurden. Mit viel Geschick wußte er die Schulstunden einzurichten und die damals noch sehr verbreitete Schulschwänzerei einzuschränken. Er sorgte auch für die nötigen Schulbücher.

In einem Visitationsbericht des Dekans von 1791 hieß es: „Die Schule ist eine der geordnetsten, die Visitator gefunden."

Zu jener Zeit war die Geistlichkeit die oberste Instanz für das Schulwesen. Der „Herr Spezial", wie man im Volk den Spezialsuperintendenten nannte, kam zweimal im Jahr zur Inspektion der Kirche und der Schule und sogar der weltlichen Behörde in die Dörfer. Man zitterte jedesmal, wenn der „Herr Spezial" sich anmeldete, und freute sich, wenn er weiterzog und den nächsten Ort besuchte.

Der „Herr Spezial" pflegte Lehrer und Schüler außer in den Schulfächern und in Religion auch in Musik zu prüfen; er hatte sogar Auskunft über den Schulmeister zu geben, d. h. „ob er ein Musik-Instrument spielte ... und welches", wie es in seinen Anweisungen für die Prüfungen hieß. Die Kinder mußten ihm auswendig Lieder vorsingen, die ihnen der Lehrer beigebracht hatte. Um solche Prüfungen abhalten und die Musikpflege fördern zu können, erhielten die Geistlichen im Evangelischen Stift in Tübingen eine eigene Ausbildung. Und eben bei diesen Visitationen wurde Karl Silcher stets mit größtem Lob bedacht, nicht zuletzt auch für seinen Musikunterricht.

GEBOREN IM JAHR DER REVOLUTION

Am 25. Februar 1783 hatte Karl Silcher geheiratet. Noch im gleichen Jahr, am 24. Dezember, wurde ihm sein erster Sohn, Karl Friedrich, geboren. Philipp Friederich kam sechs Jahre später, am 27. Juni 1789, zur Welt – als viertes Kind der Familie Silcher. Seine Schwester Rosine Henrika war schon am 28. 12. 1786 geboren worden. (Sie wurde die Frau eines Bäckers in Neuchâtel in der Schweiz, wo auch ihr jüngster Bruder, Karl Friedrich, als Bäcker arbeitete. Rosina Henrika starb am 18. 6. 1837.) Auf Philipp Friederich folgte Christian Wilhelm (6. 6. 1791–23. 11. 1862), der als Oberrechnungsrat in Stuttgart eine große Karriere machte. Zwei Söhne Karl Silchers starben schon kurz nach der Geburt.

Als Philipp Friederich getauft wurde, trug der Pfarrer in das Kirchenbuch ein: „27. Juni natus, 29. renatus

23

(getauft) Philipp Friederich/Eltern: Johann Carl Silcher, Schulmeister allhier,/uxor (Frau) Hedwig Heinrika Christian Sprechers zu Zuffenhausen filia/Tauff-Pathen: H. Philipp Friederich Doerner, Helfer zu Neuffen, dessen Stellvertreter H. Gottlieb Hauff, vicarius allhier/Frau Helene Rosina, H. Amtmann Stierlins allhie Eheliebsten/Christian Carl, Past(oris) Brodtbecks F(rau) zu Wald."

Die Eltern hatten den Namen des ehemaligen Schnaiter Vikars, Stiefsohn des Ortspfarrers, für den neugeborenen Silcher gewählt, weil die Familie mit ihm eng befreundet war und das Schulhaus häufig von Amts wegen und auch privat besuchte. Später schrieb sich Silcher meist „Friedrich". Aber bei besonderen Gelegenheiten tauchte immer wieder die Schreibung „Friederich" auf, und bei Unterschriften unter Dokumente sogar der volle Name: „Philipp Friederich", wie wir später noch sehen werden.

Wenig mehr als zwei Wochen nach Friedrich Silchers Geburt brach am 14. Juli 1789 in Paris die Französische Revolution aus, deren Ideen von Freiheit, Gleichheit und Brüderlichkeit auch in Deutschland nicht ohne Echo blieben. Dennoch wußte Herzog Karl von Württemberg die Dinge noch im Griff zu behalten. Als er 1793 starb, mußten zur Trauer in allen Gemeinden des Landes tagelang die Glocken geläutet werden, was in Schnait Friedrich Silchers Vater mit großen Anstrengungen vollzog und wofür der arme Schulmeister eine Belohnung von 5 Gulden erhielt, eine für ihn sehr erfreuliche Beigabe für seinen Unterhalt.

Allzu unruhig oder gar stürmisch wirkte sich die Französische Revolution zwar in Schnait selbst nicht aus. Doch war das Leben des kleinen Frieder, wie man ihn in der Familie nannte, nicht ganz so idyllisch, wie man es immer wieder zu schildern pflegte, wenn auch

Friedrich Silchers Geburtshaus in Schnait im Remstal

an jedem Sonntag auf dem Platz zwischen der Kirche, der Schule und dem Rathaus ein Dorfsingen stattfand, für das die Gemeinde den Platz kostenlos zur Verfügung stellte und bei welcher Gelegenheit Friedrich Silcher, direkt vor der Haustüre, zum ersten Male die Volkslieder seiner Heimat kennenlernte. Wir wissen aus der Schnaiter Chronik, daß immer wieder durchziehende Truppen, deutsche, österreichische und französische, viele Unruhen und auch große Schäden anrichteten, z. B. auch in den Wäldern um Schnait herum durch das Franzosenlager 1796; im gleichen Jahr wurde Schnait auch von einer großen Feuersbrunst heimgesucht, die in der Nähe der Schule, also nahe bei Frieders Wohnhaus, ausgebrochen war.

Zum großen Leid des erst sechsjährigen Frieder starb am 22. Januar 1795 sein Vater im Alter von kaum vierzig Jahren, der ihm ein liebevoller Vater und ein

25

großer Förderer seiner musikalischen Begabung gewesen war. Über eine besondere musikalische Begabung von Friedrich Silchers Geschwistern ist nichts bekannt.

Große materielle Güter hinterließ der Vater nicht, aber hohe ethische und geistige und nicht zuletzt künstlerische Werte hatte er dem Sohn vermittelt, die für sein Leben entscheidend waren.

Stand nun die Witwe Karl Silchers mit vier unversorgten Kindern vor einer unsicheren Zukunft, so kümmerte sich doch die Gemeinde um sie, allein auch aus der Hochschätzung ihres verstorbenen Schulmeisters. Bereits am 9. Februar suchte die Gemeinde nach einem neuen Schulmeister für Schnait und fand unter zwölf Bewerbern in dem Provisor Christian Heinrich Weegmann den geeignetsten. Er stammte aus der alten, bekannten Lehrerfamilie Weegmann aus Korb, wo er am 2. Dezember 1770 geboren wurde. Über ihn urteilte der Dekan: „Hat gute Schulaufgaben, gibt sich Mühe durch Bücher. Gibt einen tüchtigen Schulmeister." Natürlich hatte die Gemeinde Weegmann außer in den Schulfächern auch in Musik geprüft. Auch hier zeigte er eine hohe Begabung.

Nach Antritt seiner Stelle im Februar mußte er noch bis Georgii (22. April) der Witwe seine volle Besoldung abtreten und durfte auch, wie sein Vorgänger, „zur Beholzung der Schulstube keine Erhöhung fordern". Doch fand die Versorgung der Witwe mit ihren vier Kindern bald eine glückliche Lösung, weil sie bereits am 20. September den fünf Jahre jüngeren Nachfolger ihres Mannes heiratete, der sich mit viel Liebe der Waisenkinder annahm und auch bald die musikalische Begabung des jungen Frieder entdeckte und förderte.

Jugend und Lehrjahre

In den Kirchenvisitationsakten von Schnait von 1802, die der Schnaiter Pfarrer Kiedaisch vor einigen Jahren fand, erfahren wir von Friedrich Silchers „erstem Honorar", das er mit ganzen 13 Jahren erhielt, und von einer harmonischen Zusammenarbeit Frieders mit seinem Stiefvater. „Am 5. Juni 1802 trat", wie es in der Chronik heißt, „ein enorm beispielloser Unwetterschaden ein, der an Häusern, Gebäuden, desgleichen an Bronnen, Weeg, Brücken und Steeg und Straßen vom entsetzlichen Hagelwetter" angerichtet wurde. Hierbei war auch die Orgel in der Kirche vollständig vernichtet worden. Es mußten neue Pfeifen, eine doppelte Verdachung über den Blasebälgen, die auch gänzlich zerstört waren, und vieles andere mehr hergerichtet werden.

So rief die Gemeinde den Orgelmacher Goll aus Weilheim/Teck nach Schnait, wo er mehrere Tage verbrachte, um die Orgel wieder instand zu setzen. In dem oben erwähnten Kirchenvisitationsbericht heißt es dann weiter: „Dem Schulmeister Weegmann, welcher in den 12 Tagen, da Herr Orgelmacher Goll von Weilheim mit Ausbesserung und Gestellung des hiesigen Orgelwerks beschäftigt gewesen, demselben dabei fleißig an die Hand gegangen ist, und damit bewirkt hat, daß der Herr Orgelmacher mehrere Tage damit bälder fertig geworden, wurde für seine Bemühung 2 Gulden, 45 Kreuzer, dessen Söhnlein Friedrich Silcher aber, welcher während dem Stimmen des Orgelwerks die Blasbälge gezogen – 1 Gulden zur Belohnung decretiert, welche von dem Bürgermeisteramt ausbezahlt und unter den gemeinschaftlichen Baukosten verrechnet werden sollen." Das war also Friedrich Silchers erstes Honorar in seiner Heimatgemeinde Schnait, für die Ausübung einer zwar noch nicht musikalischen Tätigkeit, aber doch einer Arbeit für die Orgel, der er sich in seinem späteren Leben noch sehr intensiv widmen sollte.

Von den sechs Kindern, die aus der Ehe Weegmanns mit der Mutter Silchers hervorgingen, starben zwei, so daß Friedrich mit sieben Geschwistern, davon vier Stiefgeschwister, aufwuchs. Es war ein Glücksfall, daß Friedrich Silcher in seinem Stiefvater einen liebevollen Vater, einen tüchtigen Schulmeister und zugleich einen guten Musiklehrer fand. Mit Recht weist H. E. Walter in seiner Genealogie der Familien Silcher und Weegmann darauf hin, daß für Silchers Entwicklung vor allem die Familie Weegmann sehr bestimmend war. Ein Stiefbruder war Schulmeister in Schorndorf, und ein Onkel, Georg Christoph Weegmann, gab als Schulmeister in Korb „guten Musikunterricht". Er wurde als einer der tüchtigsten Schulmeister der Diözese bezeichnet. Ein anderer Onkel Friedrich Silchers, Karl Friedrich Weegmann, war Schulmeister in Grunbach und nur sechs Jahre älter als er. Wahrscheinlich hat er auch mit ihm in engerer Beziehung gestanden. Viele Mitglieder der Sippe Weegmann hatten angesehene Positionen inne.

Im Jahre 1803 wurde Friedrich Silcher konfirmiert und aus der Schule entlassen. Er wurde nicht nur zum Schulmeister bestimmt, sondern hatte selbst den Wunsch, Lehrer zu werden. So ging er dann mit 14 Jahren zu dem mit seiner Familie befreundeten Schulmeister Georg Michael Mayerlen in Geradstetten, kaum eine Stunde Fußweg von Schnait entfernt. Dort traf er auch den Sohn Mayerlens, Carl Joseph, als ersten Provisor, der bis zum Februar 1792 bei Silchers Vater, Karl Silcher, auch als Schullehrling gewesen war, wie oben bereits erwähnt. Schulmeister G. M. Mayerlen hatte einen guten Ruf als „angesehener Methodiker, tüchtiger Schulmann", der darüber hinaus ein „vorzügliches Talent zur Musik und namentlich zum Singen" hatte. In seiner Gemeinde war „in der ganzen weitläufigen Diözese der Kirchengesang am besten". Bei besonderen Feiertagen kamen die Leute von weit her, um den schönen Gesang in der Geradstetter Kirche zu hören.

Sowohl als zukünftiger Schulmeister als auch für seine musikalische Begabung erhielt Friedrich Silcher hier einen vorzüglichen Unterricht und reiche Anregungen. Bei dem Sohn des Ortspfarrers, dem Vikar Fr. Beringer, bekam er zusätzlich noch Unterricht in Latein und Zeichnen.

Schon bald nach dessen Eintritt in den Schuldienst schrieb die Schulvisitation über Friedrich Silcher (1. Mai. 1804): „Provisor Philipp Friedrich Silcher, weiland Johann Carl Silchers, Schulmeisters in Schnait, hinterlassener Sohn ... im 15. Jahr, von Michaelis (29. Sept.) vorigen Jahres allhier, ist in der Lehre, informiert in einer besonderen Klasse die jüngsten Kinder, gibt Lehrgeld, läßt sich gut an im Lernen und Unterricht, führt einen guten Wandel. Testimonium (Zeugnis): Ist lehrbegierig und zeigt viele Neigung für den Beruf, den er erwählt hat, scheint vorzügliche Anlage zur Musik und zum Zeichnen zu haben."

Am 26. Mai 1804 legte Friedrich Silcher in Schorndorf bei dem Dekan eine Prüfung ab. Im dortigen Dekanatsarchiv befindet sich ein Schreiben des jungen Silcher, in dem er schreibt: „Ich, Philipp Friedrich Silcher, geboren zu Schnaith, d. 27. Jun. 1789, bin seit Michaelis (29. Sept.) vorigen Jahres zu Geradstetten bei H. Schulmeister Mayerlen, und heute hierher nach Schorndorf gekommen, um mich examinieren zu lassen; denn ich gedenke mich, unter göttlichem Beystand dem Schulwesen zu widmen, indem ich eine große Freude daran habe. Nach erstandenem Decanat-Examen gehe ich wieder nach Geradstetten zurück, wo ich mich im Lesen nützlicher und zweckmäßiger Bücher, im Schreiben, Rechnen, in der lateinischen Sprache, und besonders in der Musik immer mehr üben werde, um bei dem Consistorial-Examen, wenn mir Gott Leben und Gesundheit schenkt, die erforderliche Satisfaction leisten zu können."

War der junge Silcher bereits durch seinen Vater und durch seinen Stiefvater musikalisch gut vorbereitet zu dem ebenfalls musikalisch hoch begabten Schulmeister Mayerlen gekommen, so lernte er hier noch viel Neues dazu. Als er 1806 an Georgi (23. April) aber Geradstetten, wo er viele Freunde gefunden hatte, verlassen mußte – er schied sehr ungern! –, ging er als „Provisor perpetuus", d. h. als freier Schulgehilfe, für einige Monate zu seinem Stiefvater nach Schnait, wo er nicht nur in der Schule wirkte, sondern auch an den Sonntagen die Orgel traktierte. Auch hier fällt das Zeugnis des Visitators über den jungen Friedrich Silcher gut aus, wo es da heißt: „Ein begabter und gebildeter Jüngling, der ein treffliches musikalisches Talent hat und hübsch zeichnet."

Aber er konnte nur bis Jakobi (25. Juli) bleiben, weil dann ein neuer Provisor, Georg Bürkle, nach Schnait kam. So wandte er sich an den Fellbacher Schulmeister Nikolaus Ferdinand Auberlen, der als großer Pädagoge und als tüchtiger Musikant weithin bekannt war, was den jungen Friedrich Silcher besonders anzog, obwohl er in dieser Provisorstelle weniger verdiente als anderswo. Er ging also erst 1806 nach Fellbach und nicht, wie bis heute z.T. immer noch angenommen wird, bereits 1803, wie es auch irrtümlicherweise auf der Tafel des Fellbacher Schulhauses geschrieben steht.

*Schule in Fellbach, in der Silcher als Schulprovisor in
Ausbildung war*

Auberlen stammte aus einer alten und weithin
bekannten Musiklehrerfamilie, die durch viele Generationen von 1756 bis 1874 in Fellbach wirkte. Er hatte,
wie er selbst von sich sagte, eine „wenig gute Stimme",
verfügte jedoch über einen guten Kirchenchor und
war ein vorzüglicher Organist, dem die Gemeinde mit
großer Begeisterung zuhörte. Darüber hinaus besaß er
umfangreiche musikwissenschaftliche Kenntnisse. Er
unterrichtete u. a. nach Georg Joseph Voglers (1749–
1814) „Tonwissenschaft und Tonsetzkunst" (Mannheim
1776) und hat auch an dem von J. H. Knecht und J. F.
Christmann im Jahre 1799 herausgegebenen Choralbuch mitgearbeitet. Auch hatte er eine gute Schulbi-
bliothek aufgebaut, in der seine Schüler sich über die
vielfältigsten Fragen, vor allem über neue pädagogische Schriften, informieren konnten. Über den

Unterricht in Musiktheorie und Musikgeschichte hinaus lernte Friedrich Silcher hier viele deutsche und ausländische Volksliedsammlungen kennen. Als Begleiter auf der Orgel, als Generalbaßspieler und als Bearbeiter erhielt er von Auberlen reiche Anregungen. Auch lernte der junge Silcher hier bereits Werke von G. Ph. Telemann, Ph. E. Bach, Choräle von J. S. Bach, Oratorien von Graun und Haydn kennen. Auberlen besaß eine Vorliebe, Werke anderer Komponisten für seine Aufführungsmöglichkeiten einzurichten. Er nannte sich scherzhaft einen „alten Uhrenreparierer". Nach diesem Vorbild hat Silcher später viele Werke für seine Tübinger Verhältnisse umgearbeitet, wie er dies in seinen Berichten auch immer wieder schildert.

Leider konnte Silcher in Fellbach nur ein Jahr bleiben. Der inzwischen Achtzehnjährige konnte nach den damaligen Bestimmungen aber erst mit zweiundzwanzig Jahren eine Anstellung als Lehrer erhalten. Darum mußte er sich nach einer Möglichkeit einer beruflichen Weiterbildung als Lehrer umsehen. Wiederum hatte er großes Glück, als er in Schorndorf zu dem Schulmeister C. M. Stirn in privaten Unterricht kommen konnte, von dem man sagte, daß er „mehr Kenntnisse besaß, als einem teutschen Schullehrer nötig sind". Sein Unterricht war von vielen Junglehrern sehr gesucht. Er erhielt für seine Arbeit kein Geld, sondern mußte nebenher durch Unterricht und andere Dinge seinen Lebensunterhalt bestreiten. Da der damalige Kreishauptmann Joseph Friedrich von Berlichingen (1759–1832) einen Hauslehrer für seine fünf Töchter suchte, die er in den Schulfächern und in Musik unterrichten sollte, und dafür Silcher einstellte, war dessen Auskommen in Schorndorf gesichert. Außerdem versah Silcher, wie er später in seiner

Joseph Friedrich Graf von Berlichingen (1759–1832),
ein Förderer Silchers

Bewerbung um die Stiftsorganistenstelle in Stuttgart
1818 schrieb, „theils den Organistendienst an der
bedeutenden Orgel zu Schorndorf".

Der Freiherr von Berlichingen, aus einer Nebenlinie
des Geschlechts des Götz von Berlichingen aus Jagst-
hausen, war ein tapferer und kluger Offizier und ein

hochkultivierter Mann von umfassender Bildung, der mehrere Sprachen beherrschte, nebenbei mit 62 Jahren noch Goethes „Hermann und Dorothea" in lateinische Verse übersetzte und in hohem Ansehen bei König Friedrich I. von Württemberg stand, bei ihm als Kammerherr und Staatsrat vom Kreishauptmann zum Landvogt in Ludwigsburg avancierte.

Der spätere Graf war ein väterlicher Freund und Förderer des jungen Silcher, den er in seinem Hause in Schorndorf und später in Ludwigsburg in die hohen gesellschaftlichen Kreise einführte und an dem bedeutenden Kulturleben seines Hauses teilnehmen ließ. Als er 1808 nach Ludwigsburg versetzt wurde, nahm er Silcher mit und ließ ihn an die dortige Mädchenschule als Provisor versetzen. Aus Schorndorf ist noch nachzutragen, daß Silcher dem dortigen Präzeptor J. G. Roesch begegnete, der auch mit Zeller ein Verfechter der damals neuen pädagogischen Lehre von Heinrich Pestalozzi war und der als Pfarrer von Faurndau 1815 das Buch: „Schorndorf und seine Umgebung" herausgab, zu dem Silcher die Karte zeichnete.

In Ludwigsburg begann für Silcher eine entscheidende Phase seines Lebens. Seine materielle Lage war schon allein durch seine Besoldung als 1. Provisor besonders gut. Über sein Jahresgehalt von 140 Gulden und die 5 Gulden für den Kirchendienst hinaus hatte er die Möglichkeit, noch mehr als 140 Gulden durch Privatunterricht zu verdienen.

Sein Schulleiter war der erfahrene Schulmeister Johann Friedrich Lehrer, ein Anhänger der Pestalozzischen Methode und ein sehr musikalischer Mann. Im Kollegenkreis erhielt er auch für seine zeichnerische Begabung viele Anregungen. Besonders wichtig aber wurde seine durch den Grafen v. Berlichingen vermittelte Bekanntschaft mit der durch ihre Schillerbilder

Der Marktplatz in Ludwigsburg

bekannten Malerin Ludowika Simanowiz, die auch im Hause des von Berlichingen verkehrte und Silcher Unterricht im Zeichnen gab, ihn sehr förderte, so daß er sich bald zwischen Zeichnen und Musik entscheiden mußte.

Eine für ihn als Musiker entscheidende Begegnung war die mit Carl Maria von Weber, der damals als Geheimschreiber und Hauslehrer des Prinzen von Württemberg im Ludwigsburger Schloß wirkte und dort auch Konzerte gab. Und hier hatte Silcher die Möglichkeit, ihn zu hören, was für ihn ein für sein Leben unvergeßliches Erlebnis wurde.

Nicht minder wichtig war sein Zusammentreffen mit dem damaligen Dekan von Ludwigsburg, Jonathan Friedrich Bahnmaier, der als Schulinspektor bald Silchers pädagogische und musikalische Begabung erkannt hatte und ihn deshalb sehr förderte. Er war ebenfalls ein begeisterter Anhänger der Pestalozzi-Methode, die er sehr gründlich sogar eigens in Kursen studiert hatte und derentwegen er auch in der Schweiz die maßgeblichen Erziehungsstätten besuchte. Auch war er ein großer Musikfreund und hielt in seinem Hause regelmäßig Konzerte ab, bei denen Silcher quasi der Hauspianist wurde. Und er beauftragte ihn bereits für diesen Kreis, fremde Werke einzurichten und eigene Kompositionen zu schreiben, wie z.B. „Liebe, süße Himmelsquelle", „Das Fest der Mutter" und „Wenn ich einst das Ziel errungen", z.T. mit Texten von Bahnmaier.

Silchers Tätigkeit an der Schule fand bei den Visitationen stets höchste Anerkennung: „weiß besonders gut mit Kindern umzugehen und ihnen beizukommen", hieß es; ihre Leistungen im Fertig- und Korrektschreiben, im Lesen ohne Schulton, im mündlichen und schriftlichen Rechnen und im Anfertigen von

Aufsätzen erhielten immer wieder großes Lob. Sein Fleiß und seine guten Kenntnisse und sein Bestreben, sich weiterzubilden, wurde besonders angemerkt.

Sein Amtsvorgänger an der Mädchenschule, G. H. Wezel, war mit Erlaubnis der Schulbehörde zu der Musterschule von G. A. Gruner in Frankfurt gefahren, um dort die Pestalozzi-Methode noch näher kennenzulernen. In einem Reisebrief aus dem Jahre 1814 an seinen Lehrer N. F. Auberlen berichtet Friedrich Silcher von seinem Besuch der Musterschule. Dort schreibt er: „Da es schon spät war (bei seiner Ankunft in Frankfurt), so eilte ich, meine Freunde, Wezel und Nänny (beide Lehrer an der Musterschule) aufzusuchen. Sie wußten nichts von meiner Reise u. wurden daher um so mehr überrascht, als ich so in aller Stille mich zu ihnen ins Zimmer schlich ... Morgens früh machten wir zuerst einen Spaziergang um die Stadt. Den übrigen Tag brachte ich in der Musterschule zu, wo ich dem Unterricht im Gesange, in der deutschen Sprache, im Rechnen, Schreiben, Lesen, Geographie, Zeichnen usf. beiwohnte." Auch dieser Brief zeigt, wie Silcher immer wieder bemüht war, seine Kenntnisse vor allem auch im pädagogischen Bereich zu erweitern.

In Silchers Ludwigsburger Zeit fällt auch seine erste größere Komposition: „Variationen/fürs Piano Forte/über/Gieb mir die Blumen,/componiert und dem/Frei Fräulein/Caroline von Berlichingen/hochachtungsvoll gewidmet/von/Friedrich Silcher" („Von dem Komponisten auf Stein geschrieben").

Das Thema der Variationen „Gib mir die Blumen/gib mir den Kranz" stammte aus dem Roman „Rinaldo Rinaldini" von Christian August Vulpius und war zu dieser Zeit ein sehr beliebtes und verbreitetes Lied, das Silcher in Ludwigsburg gehört haben wird. Es wurde gerne von Burschen und Mädchen im Duett gesun-

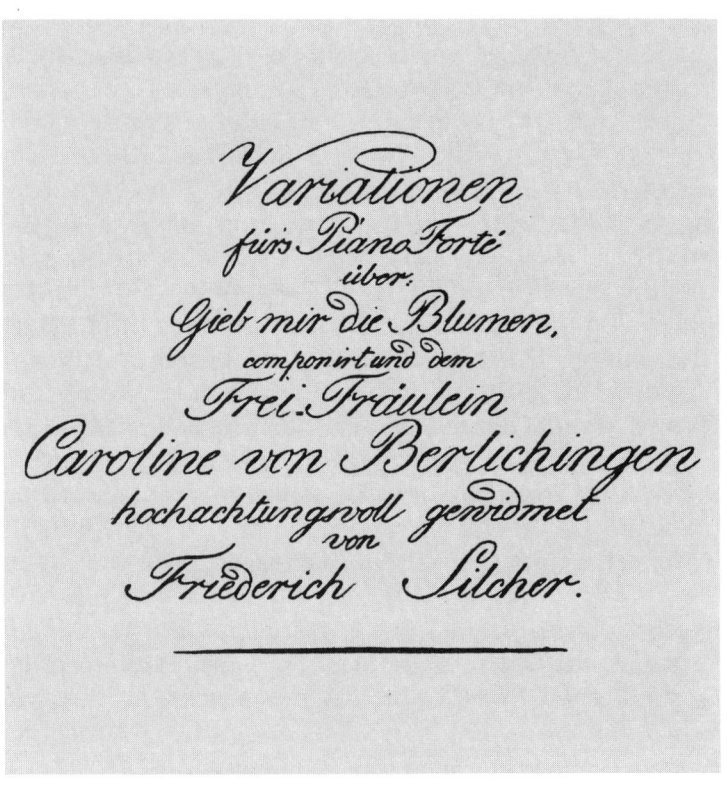

Klaviervariationen op. 1

gen. Das Vorbild für diese Variationen war C. M. v. Weber, nach dessen Beispiel Silcher auch die Noten auf Stein schrieb, denn Weber hatte seine Klaviervariationen op. 2 während seiner Münchner Zeit um 1800 auch in Stein geschrieben, nach dem Verfahren Alois Senefelders aus Freiburg. Caroline, die zweitälteste Tochter von Berlichingen, war eine begabte Klavierschülerin Silchers und muß sehr gut gespielt haben, um diese Variationen meistern zu können.

ABSCHIED VON DER SCHULE

Silcher hatte sich inzwischen entschieden, den Lehrerberuf aufzugeben und als freier Musiker und Musiklehrer nach Stuttgart zu gehen. Eigenes und fremdes Urteil stimmten hier überein. So schrieb der Schulbericht 1815 über ihn:

„Zeichnet sich aus durch pädagogische und musikalische Geschicklichkeit. Er hat eine gute Aufführung. Seine Kränklichkeit aber und sein Streben nach etwas Weiterem möchte ihn bewegen, eine Veränderung zu suchen." Zu Martini (11. Nov. 1815) wird der Provisor Schaffert Friedrich Silchers Nachfolger an der Mädchenschule.

Sein Entschluß wurde noch dadurch gestärkt, daß sein großer Förderer J. Bahnmaier als Professor für Theologie, Pädagogik und Homiletik an die Universität in Tübingen berufen wurde. Doch ahnte Silcher noch nicht, daß Bahnmaiers Berufung nach Tübingen für ihn selbst von lebensentscheidender Bedeutung werden sollte.

Silcher hatte in den vorangegangenen Jahren ein umfangreiches musiktheoretisches, musikpraktisches und pädagogisches Rüstzeug erworben, so daß er sich mit Recht für fähig halten konnte, in Stuttgart als Musiklehrer und Pianist (Organist) tätig sein zu können. Aber er ging nicht nur als Lehrender nach Stuttgart, sondern auch als Lernender, da er sich in seiner Bescheidenheit nie überschätzte und immer offen für Neues war.

Sein jüngerer Bruder, Christian Wilhelm Silcher, war Oberrechnungsrat und Oberrevisor beim königlichen Finanzamt in Stuttgart und hatte durch seine Heirat mit Luise von Fischer, der Tochter eines hohen Hofbeamten, auch Zugang zu den höchsten Gesellschaftskreisen in Stuttgart. Er wird Friedrich Silcher das Zimmer bei dem Klavierbauer Johann Lorenz Schiedmayer besorgt haben. Der war der Sohn des Nürnberger Klavierbauers Johann David Schiedmayer. Ihn zog es bereits mit 19 Jahren nach Wien zu dem bekannten Klavierbauer Streicher, der auch für Beethoven die Flügel baute. Hier traf er mit dem Stuttgarter Klavierbauer Carl Dieudonné, dem Sohn eines Stuttgarter Herzoglichen Ballettänzers, zusammen. Beide beschlossen 1809, gemeinsam nach Stuttgart zu gehen und dort eine Klavierfabrik zu gründen. Sie kamen mittellos und sogar ohne Handwerkszeug an, so daß ihnen der Stuttgarter Klavier-und Orgelbauer Pfeiffer das nötige Werkzeug leihen mußte. Im Hinterhaus des Hauses Charlottenstraße 4 mieteten sie sich eine kleine Werkstatt und bauten gemeinsam ihren ersten Flügel, den der kunstfreudige Stuttgarter Bankier Benedict für 500 Gulden kaufte, bewußt zu einem Überpreis, um beiden ein Startkapital zu geben. Sie arbeiteten sich sehr schnell hoch, so daß sie bereits 1812 ein Haus mieten konnten. Und hier fand auch der junge Silcher eine Unterkunft.

Als 1812 Conradin Kreutzer (1780–1849) als Nachfolger von Franz Ignaz Danzi (1763–1826) Hofkapellmeister an der Stuttgarter Hofoper wurde und im gleichen Jahre heiratete, bot ihm Schiedmayer in seinem Haus eine Wohnung an, in der er bis 1816 lebte. Und so war Friedrich Silcher von 1814 bis 1816 Hausgenosse von C. Kreutzer, so daß sie sich fast täglich begegnen mußten, und wurde zugleich dessen Schüler.

Der Bankier Benedict förderte sowohl Kreutzer als auch den jungen Silcher, die er beide in die kunstliebenden Privatzirkel Stuttgarts einführte. Kreutzer gab dort viele Konzerte als Pianist und trug auch auf dem von Franz Leppich erfundenen Panmelodikum vor,

Johann Lorenz Schiedmayer (1786–1860), Klavierbauer

einem Tasteninstrument mit Metallstäben. Ludwig Uhland, der am 15. 12. 1812 unter den Zuhörern war und mit Kreutzer freundschaftliche Beziehungen hatte, schrieb in sein Tagebuch, daß in dem Zimmer, in dem das Konzert mit dem Panmelodikum stattfand, eine so große Hitze geherrscht habe, daß das Instrument sehr verstimmt gewesen sei ...

Über die Beziehungen zwischen Silcher und Kreutzer sind bis heute noch keine weiteren Unterlagen auffindbar gewesen. Silcher wird außer Klavierunterricht auch in Komposition bei ihm Unterricht gehabt haben, und er dürfte dessen Aufführungen in der Hofoper und dessen Konzerte immer besucht und auch daraus für seine eigene Arbeit reiche Anregungen gefunden haben.

Als Kreutzer 1816 von Stuttgart fortging, kam als sein Nachfolger der Mozartschüler Johann Nepomuk Hummel (1778–1837) aus Wien als Hofkapellmeister in die Stadt, nachdem er sich einige Jahre vorher schon einmal vergeblich um diesen Posten beworben hatte. Hummel war in ganz Europa als unübertrefflicher, galanter Pianist bekannt. Seine Kompositionen waren von seinem Lehrer W. A. Mozart geprägt. Auch ihn wird Silcher in den Stuttgarter Kreisen durch Schiedmayer und Benedict kennengelernt haben und hat vermutlich bei ihm sowohl als Pianist wie auch als Komponist Unterricht genommen.

Die Beziehungen zu dem Haus Benedict waren sehr eng und freundschaftlich. Der Sohn Benedicts, Julius, wurde Schüler von Silcher und blieb, als er schon in England und Amerika als Pianist (u. a. als Begleiter von Jenny Lind) und als Kapellmeister große Erfolge feierte, Silcher immer eng verbunden. Der widmete ihm denn auch ein Liederheft: „Sechs Lieder/für eine Singstimme mit Begleitung des Piano-Forte/Componiert/und seinem Freunde/Julius Benedict/gewidmet/von/ Fr. Silcher/Bei Zumsteeg, Stuttgart/op. 12,2/1828". Auch nahm der Bankier Benedict den jungen Silcher auf seinen Reisen in die Schweiz mit, wo er sein großes Idol, Heinrich Pestalozzi, in Yverdon persönlich kennenlernen durfte.

Aber auch mit Schiedmayer verband Silcher eine

lebenslange Freundschaft, die bis zu ihrer beider Tod im Jahre 1860 währte. Mehrere Briefe sind erhalten, in denen Silcher für Tübinger Freunde Instrumente und Reparaturen vermittelte und die von einem beiderseitigen herzlichen Verhältnis zeugen.

AM STIFT IN TÜBINGEN

Jonathan Bahnmaier (1774–1841)

Bewerbung eines Schüchternen

Als Silchers väterlicher Freund und Mentor aus Ludwigsburg, der Dekan Jonathan Bahnmaier, an der Universität Tübingen die Professur für Theologie und Pädagogik erhielt, war sein dringendstes Bestreben, die Musikerziehung der jungen Theologen und der akademischen Jugend am Evangelischen Stift und der Universität zu fördern. Aus diesem Grunde veranlaßte er den damaligen Kultusminister Karl August Freiherr von Wangenheim, eine Musikdirektorenstelle an der Universität einzurichten, die gleichzeitig auch mit der eines Kantors am Evangelischen Stift verbunden war.

Wie aus den Personalakten der Universität Tübingen hervorgeht, hatten sich außer Silcher drei Musiker um diese Stelle beworben, die aber die dafür notwendigen Voraussetzungen nicht mitbrachten. Zudem hatte Bahnmaier selbst Friedrich Silcher vorgeschlagen, der dann auch vom Senat der Universität angenommen wurde. Hier heißt es in einem Senatsbescheid an das Königliche Ministerium des Kirchen- und Schulwesens vom 20. Sept. 1817 – also kurz vor Silchers Dienstantritt in Tübingen:

„Der akademische Senat schlägt den Privatlehrer der Musik in Stuttgart, Silcher aus Schnait, zu der von seiner Königlichen Majestät neuangeordneten Stelle eines Musiklehrers und Musikdirektors für die Universität einstimmig vor nebst den beigeschlossenen Zeugnissen für den erwähnten Silcher.

Aus angestellten näheren Erkundigungen nämlich ist der akadem. Senat in der Überzeugung, daß der erwähnte Silcher aus Schnait für die Zwecke dieser Stelle ganz vorzüglich taugen würde, durchaus bestärkt worden; nach den unterthänig beigeschlosse-

nen Zeugnissen besitzt derselbe nicht nur einen ausgezeichneten Vortrag auf den notwendigsten musikalischen Instrumenten und im Gesang, sondern auch
gründliche Kenntnisse im Generalbaß, die er als Komponist für Gesang und auch Instrumente schon rühm-
lich bewährt hat; womit er noch ein erprobtes didakti-
sches Talent und einen rechtschaffenen Charakter
verbindet; Eigenschaften, die nicht glücklicher vereint seyn könnten, um sich von ihm Erfüllung der
wesentlichsten Funktionen zu versprechen, die nach
den von Eurem hochpreißlichen Königlichen Ministerium gebilligten Ansichten des akadem. Senats von
einem eigenen Musiklehrer für die Universität zunächst gewünscht werden muß. Er selbst hätte auch,
der mit ihm genommenen Privatrücksprache zufolge,
Neigung zu dieser Stelle, wenn er gleich dem Rufe mit
einiger Schüchternheit folgen würde."

Über die Aufgaben, die auf Silcher warteten, läßt
sich der akademische Senat so aus: „1. den Seminaristen und der akademischen Studentenschaft gründli-
chen, auch theoretischen Unterricht in der Musik zu
geben, 2. mit Würde und umfassender Einsicht die
akadem. und Kirchenmusik zu dirigieren, 3. den Seminaristen und anderen Theol. Studenten Anleitung
zum Gesang und einer künftig besten Leitung des Kir-
chengesanges zu geben."

In einer Dienstanweisung vom 1. März 1818 werden
die Tätigkeiten Silchers noch einmal umrissen. Danach hat er auch „die Oberaufsicht über die gesamten
Musik-Anstalten bei der Universität, in der Kirche und
im Seminarium ... er hat bei allen öffentlichen Vokal-
und Instrumental-Musiken der Universität, in der
Kirche und im Seminar, so wie bei feierlichen Gelegenheiten im Prediger-Institut (eine Gründung von Bahnmaier), die Direktion zu führen ... Er hat den Theolo-

gie-Studenten wöchentlich wenigstens 3mal und zwar, den Innländern, unentgeltlich Unterricht in der Vokal-Musik zu geben und die Grundsätze des Gesang-Unterrichts so vorzutragen, wie derselbe in den Schulen und bei dem Volk eingeführt werden kann; auch hat derselbe namentlich darauf hinzuarbeiten, daß bei den Predigt-Übungen des Seminars und des Prediger-Instituts allmählich mehrstimmiger Gesang entstehe ..." Interessanterweise hat Silcher diesen „Staat" (d. h. Dienstanweisung) mit dem vollen Namen: „Philipp Friederich Silcher, Musikdirektor u. Musiklehrer an der Universität" unterschrieben.

In einer Weisung vom 3. Okt. 1817 des Ministers des Kirchen- und Schulwesens von Wangenheim hatte dieser nämlich Wert darauf gelegt, daß Silcher genaue Anweisungen für seine Tätigkeit erhielt und daß die Stellung Silchers im Evangelischen Seminar geklärt wurde, da bis dahin ein Seminarist Musikdirektor gewesen war, „was ohne Störung nicht mehr zuläßig sein möchte". So wurde die Stelle eines „Musikrektors" eingerichtet, die jeweils ein älterer, musikalisch besonders begabter Seminarist einnahm, der sich vor allem um den „Musikkasten" (Notenarchiv) und die Instrumente zu kümmern hatte.

Was Silcher veranlaßte, sich am 27. Dezember 1818 dennoch um das Amt des Stuttgarter Stiftsorganisten zu bewerben, geht zwar aus seinem Schreiben hervor, in dem er schreibt: „Wenn nun schon meine gegenwärtige Stelle meinen Kräften und meiner Neigung gleich angemessen ist, so finde ich doch die Stelle eines Stiftsorganisten zu Stuttgart für mich noch wünschenswerter, indem ich das Zutrauen in mich setzen darf, dieses Amt würdig zu bekleiden ... wenn ich auch bei dem Wechsel voraussichtlich keine ökonomischen Vorteile haben würde." Doch zog er mit einem Schreiben vom 10. Februar 1819 bereits seine Bewerbung wieder zurück, mit der Begründung: „Mein Plan mit Stuttgart konnte hier nicht lange geheim bleiben, auch machte mich dieses Geheimhalten zu unruhig; ich fühlte es immer stärker, daß ich ein Unrecht begehen würde, meinen Wirkungskreis, welcher mir schon erfreuliche Früchte zeigt, jetzt zu verlassen. Zwar störten mich bei diesem Gedanken die Verhältnisse, welche mich an das Instrumental-Kollegium binden, das bei dieser Unordnung nicht dahin kommen wird, etwas Ersprießliches zu leisten..."

SCHWIERIGE BEDINGUNGEN

Wenn auch manche glauben, annehmen zu dürfen, die auch in dem Senatsbescheid erwähnte „Schüchternheit" Silchers sei der wichtigste Grund für seine Bewerbung in Stuttgart (daß er sozusagen als Nichtakademiker und einfacher „Schulmeister" sich dem akademischen Amt für nicht gewachsen angesehen habe), so scheinen doch mehr die schwierigen Verhältnisse in dem Instrumental-Kollegium die Ursache für seine Sorgen gewesen zu sein, die man zwar abzuwenden ihm versprach, über die er sich aber immer wieder zu beschweren veranlaßt fühlte.

So ist vor allem der Musikunterricht an den „niederen Seminarien", von denen die jungen Theologiestudenten nach Tübingen in das Evangelische Stift kamen, schlecht gewesen. Wiederholt beklagt er sich bei dem Consistorium: „Der Unterzeichnete erlaubt sich, die vor wenigen Jahren (d.h. 1824) gemachten Bemerkungen zu wiederholen, daß das Erlernen meh-

Das Evangelische Stift in Tübingen

rerer Instrumente an einigen niederen Seminarien noch immer versäumt werde."

Interessant ist in diesem Zusammenhang, was Silcher über das Fehlen des Unterrichts in Blasinstrumenten sagt: „Dem Vernehmen nach soll daselbst das Erlernen dieser Instrumente in den ersten 2 und 3 Jahren nach dem Statute untersagt sein, was jedoch leicht die Folge haben kann, daß sich im letzten Jahre keine Lernlustigen mehr zeigen, oder doch keine Fertigkeit mehr in diesen Instrumenten erlangt wird. Vielleicht soll hierdurch die Brust der jungen Leute geschont werden. Allein die Erfahrung bestätigt, daß man ohne Schaden in noch früherem Alter diese Blasinstrumente treiben darf und daß dies nicht viel mehr

Anstrengung erfordert, als das Singen. Sollte in diesem Verbot vielleicht auch eine Berücksichtigung für die in der Nähe wohnenden Lehrer, hinsichtlich der Störung liegen, so wäre für diejenigen Zöglinge, welche (z. B.) Horn und Trompete blasen, gewiss ein entfernteres Lokal, etwa die Kirche etc. aufzufinden, wo sie ihre Übungen, ohne die Lehrer zu stören, halten können."

Nicht nur der dauernde Wechsel in diesem Kollegium, sondern vor allem die mangelhafte Besetzung des Orchesters erschwerte seine Arbeit. Er sieht sich genötigt, wie er in einem anderen Brief an das Consistorium schreibt, „die Musikstücke sehr oft für das hiesige Orchester erst passender einzurichten und wegen des ewigen Wechsels der Studierenden die Hauptstimme bald für dieses, bald für jenes Instrument, oft auch mehrere Stimmen umzuarbeiten." Und „da es zur Aufmunterung der Musik-Mitglieder u. um in diesem Fach weiter zu schreiten, sehr nötig ist, daß immer auch neue Musikstücke eingeübt werden, so hört dieses Geschäft für den Direktor nie auf".

Dieses „Geschäft" hörte für Silcher nie auf, und zwar bis zu seinem Ausscheiden aus diesem Amt. Und wenn man böswilligerweise Silcher immer wieder vorwarf, daß er manche Oratorien oder Teile aus Oratorien nur mit Klavier aufführte, so lag der Hauptgrund eben in den Schwierigkeiten mit diesem Musikkollegium, das nicht nur für das Evangelische Stift spielen, sondern auch alle Universitätsmusiken bestreiten mußte. Der pädagogische Effekt, den Silcher mit der Aufführung auch mit Klavier erreichen wollte, lag darin, daß die Studenten und eben auch die Mitglieder des „Oratorienvereins" so viele Werke selbst erarbeiteten und dadurch näher kennenlernten. Zugleich aber vermittelte er sowohl der akademischen Jugend insgesamt als auch dem Tübinger Konzertpublikum Werke, die zu dieser Zeit selbst in größeren Städten kaum aufgeführt wurden. So sagte sein bedeutender Schüler Christian Palmer: „Wir dürfen eine Ehre darein setzen, daß kein musikalisch empfänglicher Student seine Universitätsjahre bei uns absolviert hat, dem nicht die Gelegenheit geboten gewesen, eine Reihe der ersten klassischen Tonwerke in gelungener Aufführung mitzugenießen und kennenzulernen."

Der praktische und theoretische Musikunterricht nicht nur an der Universität und am Evangelischen Stift wurde ihm aufgetragen, sondern auch an dem 1817 neu gegründeten Katholischen Wilhelmsstift. König Wilhelm I. hatte die Katholische Fakultät von Ellwangen nach Tübingen verlegt, weil er in diesem Katholischen Stift ein Gegengewicht zu dem Evangelischen sah und eine gewisse Toleranz anstrebte. Dort sollte Silcher wöchentlich drei Musikstunden geben. Da aber, wie er an den Konviktsdirektor am 19. Februar 1819 schrieb, „das protestantische Seminar 100 Studenten mehr als das katholische Konvikt zählt, welches in jenem bereits die Einteilung in zwei Singchöre nötig macht und daher auch mehr Unterrichtsstunden als im Konvikt erfordert (als eigentlich vorgesehen war)", hatte Silcher vorgeschlagen, „daß die Konviktoren an den Singübungen im protestantischen Seminar gemeinschaftlich teil nehmen möchten." Dies wurde aber vom Konvikt abgelehnt.

Erschwert wurde seine Arbeit im Konvikt noch dadurch, daß der Unterricht immer nach Tisch von ein bis zwei Uhr stattfinden mußte, was wenig effektiv war. Wegen schlechter Beleuchtung konnte der Unterricht nur bei Tageslicht erfolgen. Außerdem fehlte eine Singtafel und ein Klavier. Dennoch hat Silcher den Unterricht jahrelang durchgeführt, er ließ sich davon auch nicht durch konfessionelle Gründe abhalten.

Er scheute keine Mühe

Friedrich Silcher war im Alter von 28 Jahren damit in Tübingen eine ebenso exponierte wie anspruchsvolle Stellung anvertraut worden; dies ist um so höher zu bewerten, als das Stift in Tübingen auch im 19. Jahrhundert als ein geistiges Zentrum nicht nur für Deutschland, sondern für fast ganz Europa galt. Über seine Aufgaben am Stift und an der Universität hinaus war ihm gleichzeitig aber auch die Oberaufsicht über den Musikunterricht an den schon erwähnten sogenannten „niederen Seminarien" in Blaubeuren, Maulbronn, Schöntal und Urach übertragen.

Wie verantwortungsvoll Silcher sich auch diesen Aufgaben widmete, ersehen wir aus seinen vielen Eingaben und Berichten an das Inspektorat des Stifts, an das er z. B. im März 1826 schreibt: „Was die Seminaristen (der niederen Seminarien) als künftige Geistliche auf dem Lande und in den Städten im Musikwesen wirken können, und gerade in einer Zeit, wo man auf der anderen Seite wieder so viel tut, wie im gesamten Lande das Musikwesen in Kirche und Schulen zu heben im Grunde nur durch die Geistlichen geschehen kann, ist leicht zu ersehen. Schon in den Schulen müßte Gesangunterricht, Noten-Taktkenntnisse, vom Blatt singen gelehrt werden, wie es offiziell in einem Erlaß vom 18. Nov. 1823 für Schulen vorgeschrieben ist." Silcher meinte damit, daß sogar in der Zeit vor den niederen Seminarien, auf den Schulen bereits, ein besserer Musikunterricht nötig sei. Und die Seminare sollten eine verantwortungsvolle Vorbereitung für den Musikunterricht und das Musikleben am Stift in Tübingen leisten.

Das geringe Niveau des Musikunterrichts an den

niederen Seminarien war wohl darin begründet, daß dort oft der Musiklehrer gleichzeitig der Speisemeister sein mußte, d. h. er war meist vorrangig Speisemeister und zusätzlich nur Musiklehrer, wie man dies zu jener Zeit sehr oft in Deutschland vorfand. In einem ministeriellen Erlaß vom September 1818 für die Besetzung der Musiklehrerstelle im Seminar in Urach heißt es: „Die Speisemeisterstelle ist mit dem Theatertenoristen Büxenstein zu besetzen, der dazu wohl auch ziemlich tauglich sein möchte; so könnte diesem zugleich der Musikunterricht übertragen werden." Büxenstein erhielt als Speisemeister 400 Kronen Jahresgehalt und zusätzlich 50 Kronen für den Musikunterricht und 30 Kronen für den Instrumentalunterricht. Doch hatte man in Urach mit der Wahl des Musiklehrers Büxenstein Glück, so daß sich Silcher über ihn und seine Arbeit kaum zu beklagen hatte.

Wenn Silcher unter solchen Voraussetzungen seine Arbeit in Tübingen auch erschwert war, so hat er sie dennoch immer mit viel Liebe und Geduld durchgeführt. So betont Heinrich Köstlin (Professor an den Universitäten in Friedberg, Gießen und Tübingen, der Gründer des heutigen „Verbandes der evangelischen Kirchenchöre in Württemberg" und einer der ersten Silcher-Biographen, der durch seine Eltern mit Silcher engstens befreundet war) in seiner Lebensbeschreibung Silchers, Stuttgart 1877: „Es war seine Gabe und sein Verdienst ... Schwieriges leicht zu machen und Dilettanten in die Geheimnisse der Kunst einzuführen. Er scheute auch keine Arbeit und Mühe, um den weniger Begabten die Kunst zugänglich zu machen und den Begabten auszubilden."

Hierin unterschied er sich wesentlich von seinem Nachfolger Otto Scherzer, über den ein Visitationsbericht von 1864 sagt: „Junge Leute, die schon einige Fertigkeiten und eine gute Schule auf ihrem Instrument mitbringen, werden unter Scherzers Leitung sehr gefördert; aber Schwächere sich heranzuziehen und heranzubilden, dazu fehlt es ihm an Geduld, die weist er an, erst anderswo etwas zu lernen und dann wiederzukommen, was dann meist die Wirkung hat, daß sie weggehen und nicht wiederkommen." Und weiter: „Die Seminaristen erhalten gar keinen Gesangsunterricht. Das Ende der Stiftsmusik!"

GESANG UND MUSIK

Gleich zu Beginn seiner dortigen Tätigkeit legte Silcher für die Stiftler am 19. November 1817 eine Liste mit einer Einladung aus, in der er schrieb: „Diejenigen Herren aus dem theol. Seminar, welche Lust haben, an den von mir anzustellenden Sing-Übungen Theil zu nehmen, werden gebeten, ihren Namen hier zu unterzeichnen. Dieser Unterricht wird unentgeldlich gegeben, da er einen Theil meines Berufs ausmacht." Im Jahr darauf berichtet er, daß er mit diesen Seminaristen „3mal in der Woche methodische Gesang-Übungen macht, so wie sie in den Volksschulen stattfinden sollen, und nebenbei einfach gesetzte mehrstimmige Choräle gesungen habe". Hier ist bereits zu erkennen, wie sehr er auf die damalige enge Verbindung von Kirche und Schule achtete, zumal die Kirche damals noch die oberste Schulaufsicht hatte und, wie schon erwähnt, die Geistlichen für die Musikpflege in der Schule eine große Verantwortung trugen.

Welche Ziele der Unterricht im Gesang verfolgte und wie er im einzelnen aussah, beschreibt er mit fol-

56

genden Worten: „Bildung der Stimme, Kenntnis der Noten, der Tonarten, der Harmonie, guter Vortrag, deutliche Aussprache des Textes u.s.f., wobei diejenige Methode beachtet wird, welche sich für den Volksgesang eignet." Das heißt, daß er wiederum daran denkt, daß die späteren Geistlichen für ihren Musik- und Gesangunterricht die nötige Ausbildung am Stift erfahren sollten. Auch berichtet er vom Musik-Collegium, daß er bereits 1819 mehr als 18 Orchesterwerke (Ouvertüren und Sinfonien) von Beethoven, Mozart, Méhul, Danzi und anderen „mit vollständiger Orchester-Begleitung" anschaffte.

Um die Kirchenmusik in der Stiftskirche in Tübingen zu verbessern, ließ er schon im Jahre 1819 die besten Mitglieder des Sing-Instituts des Stifts als Tenöre und Bässe im Kirchenchor mitsingen. Bei einer Korrespondenz mit dem Inspektorat 1830 erwähnt er ausdrücklich, daß „vor seiner Anstellung weder im Seminar noch bei der Kirchenmusik ein eigentlicher Chorgesang stattgefunden" habe. Weiterhin schreibt er: „Da denjenigen Töchtern der Honoratioren, welche bei der Kirchenmusik die Diskantstimmen (und Altstimmen) übernehmen, nicht zugemuthet werden kann, jeden Sonntag sich bei der Musik einzufinden und von mir aber verlangt wird: die Musik soll so wenig als möglich unterbrochen werden, so hat auf meine Bitte der sogenannte Männerchor im Seminar schon einigemale in der Kirche gesungen." (Das war bereits im Januar 1819!)

Anläßlich des Auftritts eines Männerchors in der Stiftskirche bemerkt er 1830: „Ein neuer Gewinn sowohl für den Gesang in den Seminarien als für die Kirchenmusik dürfte von der gegenwärtigen Ausbildung des mehrstimmigen Männergesangs zu hoffen sein." Mit welchem Zeit- und Kräfteaufwand er sich

z. B. für die Aufführung mehrstimmiger gemischtchöriger Werke einsetzte, beschreibt er 1830: „Donnerstags und Sonntags werden nämlich im Seminar die Cantaten mit den Tenören und Bassisten u. in der Wohnung des Unterzeichneten (Silcher) mit Discant und Altisten eingeübt, wozu er die Partitur spielt und wodurch die Singenden im voraus an die Orchesterbegleitung gewöhnt werden." (Eines der vielen Beispiele für Silchers Kenntnis des Orchesters und seine Beherrschung der Orchesterpartitur, die die böswilligen Verleumdungen von verschiedenen Seiten widerlegen!)

Für uns heute ganz besonders interessant ist, was Silcher im Zusammenhang mit der Kirchenmusik über die soziologische Situation des Musiklebens in Tübingen zu dieser Zeit schreibt: „Es wäre keine geringe Aufgabe, in Tübingen ein stehendes Kirchenmusik-Personal aus lauter Ansässigen zu errichten, da es zwischen den Universitätsangehörigen u. den Professionisten und Weingärtnern dieser kleinen Stadt an einem Mittelstand fehlt, unter dem sich gewöhnlich Leute befinden, welche sich hierzu eignen, z. B. wie in größeren Städten die vielen Schul-Musik- u. sonstigen Privatlehrer, Kaufleute etc. wie in Ulm, Heilbronn, Stuttgart etc."

Wie sehr Silcher sich immer wieder bemühte, gerade das Musik-Collegium (das Orchester des Stifts) auf ein hohes Niveau zu bringen, und wie schwer ihm diese Arbeit gemacht wurde, geht aus den vielen Eingaben an das Inspektorat hervor. So formuliert er am 26. März 1830: „Auch hier muß bemerkt werden, daß es keine geringe Aufgabe ist, mit einem minder geübten Orchesterpersonal, das die Musik im Grunde doch nur als Nebensache treibt, die Meisterwerke eines Mozart, Händel oder Beethoven, welche nur für ausgebildete

Orchester geschrieben sind, einzuführen u. dazu noch mit höchst mittelmäßigen Instrumenten aufzuführen." Dazu erwähnt er noch: „Von den Sinfonien und Ouvertüren hat man hier leider keine Partituren, wie an den Theatern (aus finanziellen Gründen), wodurch die Direktion so sehr erleichtert ist. Dies würde stets große Summen kosten. Der Unterzeichnete (Silcher) hilft sich daher mit Auszügen oder er leitet das Ganze nach einer Grundstimme. Er konnte oft die Musik nur für Tage ausleihen für eine Orchesterprobe." Auch klagt er über den akustisch und räumlich ungeeigneten Probenraum im Stift.

Bei all seinen Aufgaben als Universitätsmusikdirektor bei Festakten und Konzerten sei er stets auf das Musik-Collegium des Stifts angewiesen, das „das eigentliche Personal der Universitätsmusik ausmacht". So sei in einem Jahr das Collegium durchschnittlich mit 49 Veranstaltungen in Anspruch genommen. Dafür „sollten diese Musiker unter den Stiftlern auch finanziell belohnt werden, in anderem Falle würde bald aller Eifer für die Musik erlöschen u. das Collegium, eine schöne Zierde des Stifts, auf das jeder Seminarist stolz ist, in kurzer Zeit sich auflösen."

Sein großes Anliegen, die Musikerziehung der Seminaristen, bringt er immer wieder zum Ausdruck, und er drängt darauf, daß der Musikunterricht im Stift zur Pflicht gemacht wird, „zumal die Seminaristen als künftige Geistliche auf dem Lande und in den Städten im Musikwesen wirken können". Darüber hinaus sollte auf den Lateinschulen, Realschulen, Gymnasien und in den niederen Seminarien der Musikunterricht nicht nur verbessert werden, sondern es müßten alle Schüler eine Abschlußprüfung in Musik ablegen und eine Note darüber in ihren Zeugnissen erhalten. All diese Forderungen bezüglich eines umfassenden

Musikunterrichts sind später in die Erlasse des Königlichen Studienrats eingeflossen, ohne daß bekannt geworden wäre, daß Silcher deren Initiator war.

Nicht unerwähnt darf bleiben, wie sehr Silcher um ein möglichst breites Musik-Literaturangebot für den Singchor und für das Musik-Collegium des Stifts bemüht war. Beachtenswert sind seine Programme mit alter und eben auch mit zeitgenössischer Musik. So schreibt er im Jahre 1831: „allein weiß er (Silcher), daß die jungen freiwilligen Musiker mit den neueren Produktionen in diesem Fache (Musik) nicht unbekannt bleiben und theils in musikalischen Zeitschriften sie kennen lernen, theils auch in den Ferien jede Gelegenheit benützen, sowohl in der Stuttgarter Hofkapelle als auch auf ihren weiteren Ausflügen neuere Musikwerke zu hören, und wobei als dann die Wünsche, daß diese oder jene Sinfonie oder Ouvertüre für die Seminar-Musik angeschafft werden möchte, nicht ausbleiben."

Daß im Musikunterricht auch das Orgelspiel für die Seminaristen Pflicht sein sollte, hat Silcher wiederholt bekräftigt, und aus gegebenem Anlaß bittet er 1834, „daß die Orgel in der Schloßkirche dahier, welche in einem schlechten Zustand sich befindet, in der Stimmung zu hoch und kein Pedal hat, hergestellt werden möchte."

Im Jahre 1825 verlor im Evangelischen Stift in Tübingen das Theologiestudium im Unterrichtsplan seine Vorrangstellung, da auch noch andere Geisteswissenschaften und Dichtung einbezogen wurden. Zur gleichen Zeit wurde der Pflichtaufenthalt im Stift gelockert, so daß einige Stiftler in der Stadt wohnen durften, wodurch Silchers Arbeit wiederum erschwert wurde. So wohnte der als Rebell bekannte Stiftler und Schüler Silchers Wilhelm Waiblinger, der Freund Mörikes, mit

Erlaubnis des Stifts lange im Gartenhäuschen des Dekans Pressel auf dem Österberg, von wo er oft zusammen mit Mörike den kranken Hölderlin zu einem Spaziergang abholte. Und Justinus Kerner, ein Schüler und Freund Silchers, wohnte im „Neuen Bau", dem Stipendiengebäude nahe bei der Kirche, und nicht im Stift. Wilhelm Hauff durfte zu Hause wohnen, da das Stift überfüllt war. Es mußten sich ja oft 6 bis 10 Seminaristen ein Zimmer teilen, was mit einer bedrückenden Enge verbunden war.

SILCHER PRIVAT

„Daß ich ein höchst liebenswürdiges, ganz aus Musik zusammengesetztes Weibchen und einen herrlichen Sohn, ein Vierteljahr alt, habe, welcher schon den ganzen Freischütz singt, wissen Sie vielleicht...", schrieb Friedrich Silcher am 19. April 1824 an Amandus Auberlen, den Sohn seines Lehrers N. F. Auberlen.

Silcher hatte am 19. Februar 1822 die Kaufmannstochter Louise Enßlin geheiratet, eine Sängerin in seinem Kirchenchor und später auch im Oratorienverein. Der Universitätszeichenlehrer Christof Friedrich Dörr, der 1820 nach Tübingen berufen wurde, hat das junge Brautpaar gemalt. Die 1804 geborene, erst $17\frac{1}{2}$ Jahre alte Braut brauchte wegen ihres jugendlichen Alters eine besondere Genehmigung zur Heirat.

Bei aller schwärmerischen Liebe der beiden legten aber das Ehepaar und ihre Familien doch Wert darauf, daß ein „Beibringens-Vertrag", wie er damals in Schwaben üblich war, geschlossen wurde. Dieser Vertrag wurde „Tübingen actum, den 16. August 1822" von dem

Universitäts-Kameral-Verwalter besiegelt. In einem „Zubringens-Inventarium" wurde alles, was die Brautleute an Sachgut mit in die Ehe brachten, im Detail aufgelistet. Dieser Vertrag bedeutete keineswegs eine Gütertrennung, sondern eine Aufstellung des gemeinsamen Gutes in ihrer Ehe. Daraus erfahren wir, daß Friedrich Silcher u. a. „1 Flügel (200 F), 1 Fortepiano (66 F), 1 Guitare (6 F), 1 Violine (2 F), an Musikalien (50 F), Malereien und Kupferstich (40 F), Bücher (36 F)" in die Ehe einbrachte neben vielen anderen Dingen wie „Mannskleider" usw. „S-Weibs-Beibringen", das der Braut, wie es damals hieß, war eine stattliche Aussteuer für die Tochter des angesehenen Tübinger Kaufmanns Ludwig Enßlin, wohnhaft am Markt. („F" bedeutet „Florin", das war die damalige Guldenwährung, und die in Klammern angegebene Zahl den Wert der Sachen in Gulden.)

Der „herrliche Sohn, ein Vierteljahr alt, welcher schon den ganzen Freischütz" singt, war Carl Julius Silcher (1824–1902), der Pfarrer wurde. Die 1825 geborene Tochter Louise Wilhelmine wurde Sängerin und eine wertvolle Stütze Silchers im Oratorienverein. Darum erhielt sie bei ihrer Heirat mit dem Oberamtsaktuar Anton Hecker vom Oratorienverein am 12. November 1852 zum Dank für ihre großen Verdienste ein „silbernes Besteck und Etui" als Hochzeitsgeschenk. Sie starb 1905 in Cannstatt.

Die um 8 Jahre jüngere Julie Caroline (geb. 1832) war ebenfalls sehr musikalisch. Sie war eine enge Freundin der Tochter der Hofopernsängerin Emma von Knoll, einer Schülerin Silchers. Sie heiratete den Pfarrer Gustav Günzler. Ihnen sind viele wertvolle Gaben im „Silcher-Museum" in Schnait zu verdanken. Dazu trug auch bei, daß der vom „Schwäbischen Sängerbund" beauftragte Gründer des „Silcher-Museums", Prof.

Emil Fladt, in Untertürkheim wohnte, ganz in ihrer Nähe, und mit den Nachkommen Silchers engen Kontakt hatte. Julie nahm an der Einweihung des „Silcher-Museums" am 22. September 1912 teil, die beiden anderen Kinder Silchers waren damals bereits tot. Sie wurde 90 Jahre alt und besuchte oft das Museum und den Geburtsort ihres Vaters.

Silcher führte ein gastfreundliches Haus, wie wir aus seinen Briefen erfahren. Persönlichkeiten wie H. G. Nägeli, Hoffmann von Fallersleben, J. Kerner, Palmer, Grüneisen und viele andere waren gern gesehene Gäste. Auch mit dem Verleger L. Fues in Tübingen, bei dem er viele seiner Werke herausgab, verbanden Silcher freundschaftliche Beziehungen. Die letzten Jahre seines Lebens verbrachte er in dessen Haus an der Ecke Graben-Wilhelmstraße, in Tübingen als „das musikalische Eck" bekannt, weil dort zu jeder Tageszeit vom ersten Stock Musik erklang.

Friedrich Silcher und seine Frau Louise (um 1822)

Am Schloßplatz in Stuttgart

Tübingen mit Stiftskirche (von Süden gesehen)

Das Wilhelmsstift oder Katholische Konvikt

Geselliges Leben der Studenten

Geselliges Leben der Tübinger Bürger: Ausfahrt nach Lustnau

Der Marktplatz in Tübingen

DIE KIRCHENMUSIK

Nur eine Randerscheinung

Silchers zentrales Anliegen in bezug auf die Kirchenmusik seiner Zeit war, bei der damals z.T. noch bestehenden engen Verbindung zwischen Kirche, Schule und Haus für diesen Kreis pädagogisch und kompositorisch tätig zu sein. Aber die Situation war alles anderes als ideal. Es war, wie Arnold Metzger sagt, „der Tiefpunkt in der Entwicklungskurve der Geschichte der evangelischen Kirchenmusik" erreicht.

Noch war die Zeit nicht vorbei, in der Geistliches und Weltliches neben- oder gar gegeneinander standen. Es war eine Phase des Umbruchs, in der vom Theologischen aus die Kirchenmusik erst begann, wieder eine Daseinsberechtigung zu erlangen, denn sie war nicht mehr Mittelpunkt, sondern nur noch eine Randerscheinung des Gottesdienstes und auch des allgemeinen Musiklebens.

Die Reformierung einer Kirchenmusik ist aber ohne den theologischen Hintergrund unmöglich. Und gerade vom Theologischen her war auch beispielsweise J. S. Bach aus der Kirche verbannt; die Neuentdeckung Bachs geschah, und das ist etwas Entscheidendes, nicht in der Kirche, sondern im Konzertsaal. Die Matthäuspassion wurde von Mendelssohn 1829 in Berlin und 1831 von Carl Loewe in Stettin zum erstenmal im Konzertsaal aufgeführt. Es war also ein rein musikalisches Ereignis und kein kirchenmusikalisches. Und wenn Friedrich Silcher 1846 Auszüge aus der Matthäuspassion mit seinem Tübinger Oratorienverein aufführte, so war dies ebenfalls nur ein Ereignis für das Tübinger Musikleben, nicht für die Kirche; nebenbei gesagt, immerhin eine Tat, die heute zu gerne vergessen oder unterschätzt wird.

Vielleicht war 1817, das Jahr der Dreihundertjahrfeier der Reformation (zu der Silcher auf Wunsch des Akademischen Senats der Universität Tübingen eine Cantate schrieb, die aber leider verlorenging), ein Anlaß zur Besinnung auf die Aufgaben und die Bedeutung der Kirchenmusik, vor allem im Hinblick auf Luthers Verhältnis zu ihr, der einmal sagte: „Auch daß ich nit der Meinung bin, daß durchs Evangelion sollten alle Künste Zu Boden geschlagen werden und vergehen sondern ich wollt all Künste, sonderlich die Musica, gerne sehen im Dienste des, der sie geben und geschaffen hat" (Atlantis Pg. 864).

RÜCKBESINNUNG UND ERNEUERUNG

Das große Thema des 19. Jahrhunderts war im geistlichen wie im weltlichen Bereich u. a. auch die Rückbesinnung auf die Geschichte, bis hin zu einer romantischen Verklärung der Vergangenheit. Und hier kamen in der Kirchenmusik drei Gedanken zum Tragen: 1. Die Wiederaufnahme der alten Choräle in ihren rhythmischen Formen; 2. Die Idealisierung des A-cappella-Gesangs, ausgelöst von der Neuentdeckung Palestrinas; 3. Der Popularisierungsgedanke, wie er in diesem Jahrhundert sowohl in der Wiederentdeckung des Volksliedes als auch in den Bestrebungen der Volksbildung in ganzer Breite in Erscheinung trat.

Die Restauration der alten reformatorischen Choräle und Kirchenlieder brachte eine Fülle von Kirchenlied- und Choral-Veröffentlichungen, an der auch der württembergische Raum mit Silcher einen wesentlichen Anteil hatte. Selbst der Gedanke eines einheitlichen deutschen evangelischen Gesangbuches, durch die Eisenacher Kirchenkonferenz initiiert, wurde 1854 unter Beteiligung württembergischer Musiker mit Silcher verwirklicht.

Die Fülle der Publikationen unterschiedlicher Qualität zeigt aber auch, daß hier organisatorische und publizistische Arbeiten für die Kirchenmusik geleistet wurden, die für ihre Zeit entscheidend waren und die wir trotz oft weniger glücklicher Neuschöpfungen im Nachhinein doch schätzen sollten, da sie für die kirchliche Musik unserer Zeit den Boden vorbereitet haben.

Und hier entdeckte man auch die Gemeinde wieder neu – und damit auch den Gemeindegesang. Logischerweise traten der Choral und das Kirchenlied in den Mittelpunkt. In dieser Gemeinde sind Kirche, Schule und Haus einbegriffen, da es die gleichen Menschen sind, wohl auf verschiedenen Ebenen des Zusammenlebens. Gleichzeitig entstanden neue geistliche Volkslieder – z.B. „Der Mond ist aufgegangen" von Johann Abraham Peter Schultz u.a. –, die jetzt vom weltlichen Bereich ins Geistliche wirkten, wobei aber die unterschiedlichen textlichen und musikalischen Qualitäten manches der Lieder vom Kirchenraum ausschlossen.

Die vorher aufgewiesene Konfrontation „geistlich – weltlich" wird jetzt versucht zu überbrücken. Und das ist eben ein hohes Verdienst jener Kreise von Theologen und Musikern dieser Zeit, auch in Württemberg, die hier wieder eine Einheit herbeiführen wollten, eine Einheit von Kirche, Schule und Haus. Und schließlich war die Gründung von evangelischen Kirchenchören einerseits eine Wiedergutmachung für die aufgelösten und in Vergessenheit geratenen Kantoreien, andererseits aber eine konsequente Folge der bereits im weltlichen Bereich seit Beginn des 19. Jahrhunderts zahlreichen Gründungen von Männerchören und Oratorienvereinen. Und hier war eben Württemberg wiederum mit an erster Stelle und vorbildlich wirksam, woran auch Silcher seinen Anteil hatte.

Diese Gründungen fanden aber meist auf private Initiativen hin statt, die nachträglich gegebenenfalls amtlich bestätigt wurden. Und hier waren Männer am Werk, die weniger aus ästhetischen als aus pragmatischen Gründen ihre Arbeit leisteten und sonntäglich vor der Aufgabe standen, Gottesdienste zu gestalten, und dafür einen Chor brauchten und eine für diesen Chor geeignete Kirchenmusik.

Und was sie oft an eigenen Schöpfungen einbrachten, hat mehr den Wert einer kirchlichen Gebrauchsmusik als den einer künstlerischen Offenbarung. Aus diesem Gedanken heraus sollten wir einmal die Leistung der Kirchenmusiker in jenem Jahrhundert zu betrachten versuchen, auch wenn von der von ihnen geschaffenen Musik für uns wenig übriggeblieben ist – wenig nicht in bezug auf Quantität, sondern wenig, was in unsere Vorstellung über eine Kirchenmusik für unsere Zeit hineinpaßt. Nur wissen wir aber auch noch nicht, was von der modernen Kirchenmusik in die in hundert Jahren hineinpassen wird. Das soll heißen, daß wir uns jeder Überheblichkeit jenem Jahrhundert gegenüber tunlichst enthalten sollten. Hans Joachim Moser sagt einmal in diesem Zusammenhang: „Jede Generation stellt neue Aufgaben, womit oft ein Teil der vorigen Ideale zum Abtreten verurteilt ist." Das kommt aber auch auf uns einmal zu! Doch wenden wir uns jetzt dem kirchenmusikalischen Werk Silchers selbst zu.

DER PRAKTIKER

Friedrich Silcher gab bereits zwei Jahre nach seiner Berufung als Kantor an das Evangelische Stift in Tübingen, also schon 1819, sein erstes Choralbuch, dem 1824 das 2. Heft folgte, mit insgesamt 100 Chorälen heraus. Es trug den Titel: „Melodien aus dem Württembergischen Choralbuche dreistimmig für Schulen, Kirchen und Familien bearbeitet nebst einer kurzgefaßten Anleitung zum Choralgesange, von Fr. Silcher Musiklehrer und Musikdirektor an der Universität Tübingen". Aus dieser Formulierung ersehen wir ihn als Praktiker, der ganz bewußt diese Choralsammlung in Bearbeitungen herausgibt, die in der Schule mit Kindern und Lehrern, in der Familie mit Mutter, Kindern und Vater und in der Kirche bei schlecht besetzten Kirchenchören mit zwei Frauenstimmen und einer mittleren Männerstimme gesungen werden können. (Sind wir heute bei all unseren Fortschritten nicht in der Praxis, vor allem auf dem flachen Lande, auch auf solche dreistimmigen gemischten Choralsätze angewiesen und freuen wir uns nicht über jeden Komponisten, der heute dafür zu schreiben bereit und nicht zuletzt auch imstande wäre?)

Seine zwei Hefte „Vierstimmige Hymnen und Choralgesänge" op. 9 und 10, 1825 und 1828, sind eigene Kompositionen wie auch seine „Vierstimmigen Gesänge auf Sonn- und Festtage" in zweierlei Sätzen (gemischter Chor und Männerchor). In Heft I, op. 9, kommt stets zuerst ein figurierter Satz, dem jeweils ein einfacher Choralsatz folgt. Bei den figurierten Sätzen sind Orgelzwischenspiele hinzugefügt. Die Hefte sind „den vaterländischen kirchlichen Gesangchören hochachtungsvoll gewidmet". Auch hier erkennen wir wieder den Praktiker, aber auch den allen aktuellen Fragen seiner Zeit aufgeschlossenen Musikerzieher, der sich auch den Neugründungen dieser Kirchengesangvereine, „der kirchlichen Gesangchöre", gegenüber aufgeschlossen zeigt.

Daß Silcher bereits 1825 „12 Kanons für drei Diskantoder Männerstimmen" herausgab, die er mit seiner akademischen Jugend und mit den Schulkindern sang und die gleichzeitig auch der Musikerziehung für die Kirchenmusik und für das polyphone Singen dienen sollten, ist besonders erwähnenswert.

In seinen „62 zwei- und dreistimmigen Chorälen nach dem Württembergischen Choralbuche von 1844 für Schule, Kirche und Haus bearbeitet, von dem Königlichen Württembergischen Consistorium zur Anschaffung aus den Schulfonds empfohlen, 1846" sagte er im Vorwort u. a.: „Sämtliche Choräle dieser Sammlung stimmen zur Harmonie des vierstimmigen Choralbuches und können daher auch in der Kirche zur vierstimmigen Orgelbegleitung gesungen werden". Das heißt also, daß er damit, trotz der damals aufkommenden Bedenken gegen den vierstimmigen Gemeindegesang, eine Hilfe für die praktische Verwirklichung eines guten Gemeindegesangs in der Kirche auch in kleinerer Besetzung anbietet.

Als Silcher 1825 zusammen mit Kocher und Frech das eben erwähnte, viel diskutierte vierstimmige Choralbuch herausgab, war dem ein wiederholt entfachter Streit vorausgegangen. Der Titel der 1828 neu aufgelegten und erweiterten Choralsammlung lautet: „Vierstimmiges Choralbuch für Orgel und Clavierspieler, oder Melodien zu sämmtlichen Liedern des öffentlichen Gesangbuchs der evangelischen Kirche in Württemberg, mit einem sowohl alphabetisch als nach Versmaßen geordneten Register. Nebst einem

„Melodien aus dem Württembergischen Choralbuche" (1819),
die erste Publikation geistlicher Musik Silchers

Anhange enthaltend eine Auswahl von beliebtesten
älteren Kirchen-Melodien, von Vor- und Nachspielen,
und eine Belehrung über Einrichtung der Orgel und
ihre Behandlung (letzteres von Frech). Auf höheren
Befehl herausgegeben von Kocher, Silcher und Frech.
Mit Königlich Württembergischem Privileg gegen den
Nachdruck." Dieses Choralbuch war also kein Privat-
unternehmen, sondern offiziell, behördlich, „auf Verfügung des hochpreißlichen Königlichen Ministe-
riums des Innern" herausgegeben. Interessant ist, daß
der 1831 in Dettingen geborene Christian Fink, einer
der bedeutendsten deutschen Orgelvirtuosen seiner

72

Zeit, späterer Musikdirektor am Seminar in Eßlingen und Organist an der Stadtkirche, 1887 dieses Orgelspielbuch neu in „umgearbeiteter und verbesserter Auflage" herausgab und daß dieses in Württemberg weit bis in unsere Zeit hinein das maßgebliche Unterrichtswerk für die angehenden Organisten war.

Daß Silcher die damals aufkommende Männerchorbewegung auch in den nichtweltlichen Bereich einzubeziehen wußte, zeigt seine ebenfalls mit Kocher und Frech herausgegebene Choralsammlung „Hundert und sechsunddreissig Vierstimmige Choräle für den Männergesang, zum Gebrauche für Seminarien, Gymnasien, Lehrer-Gesang-Vereine, Liederkränze etc." (1905 noch in der siebenten Auflage erschienen): 1830 hatte Silcher bereits darauf hingewiesen, daß „ein neuer Gewinn für die Kirchen-Musik von der gegenwärtigen Ausbildung des mehrstimmigen Männergesangs zu hoffen sei."

NEUES UND ALTES

Bereits seit 1835 setzte sich Friedrich Silcher für das zeitgenössische Musikschaffen ein, er stellte, oft schon weniger als zwei Jahre nach der Uraufführung in anderen Städten, diese Werke seinen Studenten und dem Tübinger Musikpublikum durch eigene Aufführungen vor.

In gleichem Maße zeigte er sich aber auch der historischen Musik gegenüber offen; er war ein Kenner der z. B. in den Jahren 1825 bis 1830 erschienenen wissenschaftlichen Publikationen alter Musik, z. B. von Fr. J. Fétis, R. G. Kiesewetter und C. G. A. von Winterfeld. So verwandte er sich auch für die Wiederentdeckung und Wiederaufführung alter Meister des 16. und 17. Jahrhunderts im Bereich der Kirchenmusik. Chorwerke von Allegri, Eccard, Haßler, Palestrina, Prätorius, Rosenmüller, Vittoria und vielen anderen alten Meistern, einschließlich Bach, brachte er in die Kirchenmusik seiner Zeit ein, etwas, was für uns vielleicht selbstverständlich ist, was aber in Silchers Zeit eine Pioniertat war!

Ganz in diesem Geiste hat Silcher in seinem Orgelspielbuch von 1851 u. a. vier Orgelchoralvorspiele aus dem 3. Teil der Klavierübungen von J. S. Bach übernommen, die man zu dieser Zeit sonst noch nirgendwo veröffentlicht findet.

In seiner „Geschichte des evangelischen Kirchengesangs" weist er aber auch besonders auf die alten Kirchentonarten hin und schreibt: „In den alten Kirchentonarten sind uns die herrlichsten Muster geistlicher Melodien erhalten, welche leider zum großen Teil in unseren Kirchen nicht mehr zu Anwendung kamen." Und gerade in diesem Werk zeigt er sich, wie übrigens in vielen anderen Äußerungen auch, als ein hervorragender Kenner der Musikgeschichte, der aber Wissenschaft und Praxis glücklich zu verbinden weiß.

GEBRAUCHSMUSIK

Wenn wir als Silchers zentrales Anliegen auch in der Kirchenmusik seine pädagogische und kompositorische Arbeit ansehen können, so bedeutet dies, daß beides bei ihm, wie im weltlichen Bereich, engstens miteinander verbunden war und ineinander überging.

Und so war Silchers Kirchenmusik vor allem kirchliche Gebrauchsmusik im edelsten Sinne des Wortes, so wie etwa auch J. S. Bachs Kirchenmusik vordergründig kirchliche Gebrauchsmusik war, denn auch Bach mußte für jeden Sonntag eine neue Musik für den Gottesdienst schreiben, die am Montag jeder Woche für den nächsten Sonntag bereits fertig zu sein hatte. Da mußte er aus rein praktischen Gründen immer wieder auf frühere Kompositionen zurückgreifen. Da konnte er nicht, wie vielleicht manche Bach-Verehrer so gerne glauben, warten, bis der Heilige Geist über ihn kam. Er stand unter dem Zwang, für Chor, Solisten und Orchester eine Musik bereit zu haben, deren Noten dann aber auch noch geschrieben und noch mit Chor und Orchester geprobt werden mußten. Daß bei Bachs genialer kompositorischer und geistiger Begabung aus dieser Gebrauchsmusik höchste Kunstmusik wurde, stellt natürlich ein besonderes Phänomen dar, das sich nur selten in der Musikgeschichte wiederholt.

Um nun wieder zu Silchers Kirchenmusik als Gebrauchsmusik zurückzukommen, so war Silcher in der gleichen Lage wie alle seine Kollegen, auch die auf dem sogenannten „flachen Lande". Seit den frühesten Tagen seiner Tätigkeit in Tübingen mußte er sogar zuerst einen Kirchenchor zusammensuchen, um den sonntäglichen Gottesdienst gestalten zu können. Und so begann er, fremde Werke zu suchen und abzuschreiben oder zu bearbeiten und schließlich eigene Werke für diese Gottesdienste zu schreiben.

Heinrich Adolf Köstlin schrieb in seiner Silcherbiographie über Silchers Leistung für die Kirchenmusik seiner Zeit: „In der Kirche der Gemeinde die Kunst, den schönsten Schmuck des Lebens und des Gottesdienstes, eigen zu machen, das sah er als seine Aufgabe an." Interessant ist nun wieder Köstlins eigene Einstellung zur Kirchenmusik, da er eine der bedeutendsten und maßgeblichsten Persönlichkeiten in diesem Bereich im ausgehenden 19. Jahrhundert in Württemberg war. So sagte er in seiner „Geschichte der Musik im Umriß", 1884: „Es will schon nicht recht zur Aufgabe der Cultus-Musik stimmen, wenn der Componist in der Kirche concertieren will, an Stelle des streng kirchlichen Styles den oratorischen setzt."

Bei einer Gegenüberstellung Silchers und J. S. Bachs – und das ist hoch bedeutsam für die Bach-Auffassung seiner Zeit – schreibt er: „Bach steckte das Ideal zu hoch für Gemeinde und Konsistorium, daher hat er sich nie mit beiden vertragen. Silcher wollte der Kirche dienen mit der Musik, Bach wollte in erster Linie Musik machen in der Kirche. Beide waren also grundverschieden und lassen sich musikalisch kaum mit einander vergleichen." Wir wollen hier auch nicht versuchen, Silcher mit J. S. Bach zu vergleichen oder ihn sogar auf die gleiche Stufe zu avancieren, denn hier würde Silcher bei all seiner Sanftheit selbst energisch protestieren, schrieb er doch selbst einmal: „Bach war unstreitig der größte Musiker der Erde." Und Silcher war es, der sich stets mit größter Hochachtung und Verehrung für Bachs Werk eingesetzt hat, wohlgemerkt in einer Zeit, in der Bach innerhalb der Kirche noch verpönt war, man vergleiche dazu die oben angeführten Äußerungen Köstlins. Aus der Bach-Verdammung wurde inzwischen teilweise ein Bach-Kult, so daß sich Theodor Adorno veranlaßt fühlte, einmal zu sagen: „Man sollte Bach vor seinen Freunden schützen."

Wie wichtig für Silcher gerade auch die Kirchenmusik zeit seines Lebens war, zeigt seine „Geschichte des evangelischen Kirchengesangs nach seinen Hauptmelodien", die er als „sein letztes, unter vielen körperlichen Leiden vollendetes Werk nicht mehr in Druck befördern konnte", wie K. Ehmann, der Herausgeber und Freund Silchers, 1861 in seinem Vorwort schreibt. Und Silcher beendet sein noch selbst verfaßtes Vorwort zu diesem Werk folgendermaßen: „Und so darf ich vielleicht hoffen, Geistlichen, Organisten und Lehrern, denen die musikalische Ausbildung in Seminarien u.s.f. anvertraut ist, nützlich zu sein."

Es darf nicht unerwähnt bleiben, daß es Schüler Silchers waren, die den „Evangelischen Kirchengesangverein für Württemberg", den heutigen „Verband Evangelischer Kirchenchöre in Württemberg", gründeten, nämlich H. A. Köstlin, J. Abel und E. Faißt. Woraus wir ersehen können, welch große Ausstrahlung Silchers Wirken als Kirchenmusiker und nicht nur als Volksliedschöpfer und -sammler in seiner Zeit gehabt hat und heute noch hat.

SILCHERS
„AKADEMISCHE
LIEDERTAFEL"

*Karikatur des Tübinger Pedells, der nach den „Karlsbader
Beschlüssen" alle studentischen Zusammenkünfte
überwachen mußte*

Eine exklusive Gründung

Die Akademische Liedertafel wurde am 27. Juli 1829, genau einen Monat nach Friedrich Silchers 40. Geburtstag, gegründet, wie es auf der ersten Seite des ältesten Protokolls der ersten Statuten steht. Erst bei den zweiten Statuten von 1832 wurde der 29. Juli als Gründungstag angegeben, an dem von da ab immer das Stiftungsfest gefeiert wurde.

Nach längeren vorbereitenden Verhandlungen zwischen den Studenten und Silcher, die bereits seit längerer Zeit unter seiner Leitung im Männerchor sangen, bildeten 32 Studenten einen musikalischen Verein unter dem Namen „Akademische Liedertafel". Von diesen Gründungs-Studenten waren 28 Stiftler, Burschenschafter, die sogenannten „Feuerreiter", die wegen ihres politischen Feuereifers so genannt wurden, und 4 Stadtstudenten.

Da von 1825 bis 1829 alle studentischen Hochschulgruppen von der Regierung verboten waren und ein eigener Regierungskommissar, der frühere Professor für Jura, Hofacker, mit einem 20köpfigen Landjägerkommando zur strengen Überwachung der Studenten und auch der Dozenten nach Tübingen geschickt worden war, konnte erst im Januar 1829, als Hofacker Tübingen wieder verlassen hatte, an die Gründung einer öffentlichen studentischen Vereinigung wie die „Akademische Liedertafel" gedacht werden.

Die durch Silcher im Evangelischen Stift musikalisch vorgebildeten Stiftler bildeten zu Beginn auch den Hauptkern der Liedertafel. Vor allem hatte Silcher durch das mit diesen Studenten geübte mehrstimmige Singen und die mit ihnen bereits veranstalteten Konzerte den Wunsch zur Bildung eines eigenen Männerchores geweckt, der jetzt seine Erfüllung fand. Die Liedertafel wurde, wie ein Liedertäfler einmal schrieb, „die ewig junge und frische Pflegestätte des deutschen Liedes".

Warum man für diesen Männerchor den Namen „Akademische Liedertafel" wählte, ist nirgendwo erwähnt. Hier wird aber die exklusive Zeltersche „Berliner Liedertafel" Vorbild gewesen sein, im Gegensatz zu den volkstümlichen süddeutschen „Liederkränzen". Bis heute wird irrtümlich angenommen, für die Gründung der volkstümlichen Männerchöre zu Beginn des 19. Jahrhunderts habe die „Berliner Liedertafel" als Vorbild gedient; das ist aber falsch, denn diese Liedertafel war ein exklusiver kleiner Kreis von Dichtern und Musikern, und erst die von H. G. Nägeli und der Schweiz kommenden, in die breitesten Schichten des Volkes wirkenden Männerchorgründungen als „Liederkränze" ermöglichten deren volkstümlichen Charakter.

Allein dadurch, daß jedes Mitglied der „Akademischen Liedertafel" Student der Universität Tübingen und zugleich Mitglied der „Museumsgesellschaft" sein mußte – die Veranstaltungen fanden im Saal des Museums statt –, wurde die anfängliche Exklusivität der Liedertafel, ähnlich wie die des „Oratorienvereins" 1839, unterstrichen. War es vielleicht ein kleiner Hochmut, sich von den anderen Chören im Lande zurückzuhalten, so war es aber auch das, was ein Liedertäfler mit diesen Worten ausdrückte: „Wir waren Musensöhne, die Liederkränze bestanden aus Philistern" (d. h. vor allem aus älteren Männern).

Es wurden zu Beginn 26 Ehrenmitglieder als fördernde Mitglieder, aber nur aus den Universitätskreisen, aufgenommen, die vor allem durch ihre Stiftungen für die Deckung der Heizungskosten sorgten und

Das Tübinger „Museum"; hier und in der Aula gab Silcher seine Konzerte

darum auch „Heizer" genannt wurden, ähnlich wie 10 Jahre später beim „Oratorienverein".

Das Singen fand jeden Freitagabend von 7–10 Uhr in der Weise statt, daß die Sänger, nach Stimmen verteilt, in einem offenen Viereck um den Flügel an Tischen saßen, so daß es im wahrsten Sinne eine „Liedertafel" war, bei der auch getrunken wurde. Nur bei besonderen Anlässen stellten sich die Sänger im Halbkreis um Silcher zum Singen auf, weil ihr Singen eigentlich kein Vorsingen vor anderen sein sollte.

Bei aller Exklusivität der „Akademischen Liedertafel" unterschied sie sich doch von der „Berliner Liedertafel" darin, daß letztere aus Dichtern und Musikern bestand, die zu jedem Treffen eine neue eigene Dichtung oder Komposition beitragen mußten, während bei ersterer die Mitglieder nur sangen und das Notenmaterial von Silcher besorgt wurde.

Gesang und gesellschaftliches Leben

Bald nach der Gründung der Liedertafel meldeten die Ehrenmitglieder den Wunsch an, öfters mit den Sängern zusammentreffen zu können. Darum richtete man jeden Monat an einem Abend eine „offene Liedertafel" ein, zu der die Ehrenmitglieder als Zuhörer kommen konnten. Eugen Nägele schreibt in seiner „Geschichte der Tübinger Liedertafel" folgendes darüber: „Die Sänger nehmen, an Tischen sitzend, welche in Hufeisenform aufgestellt sind, die Mitte des Saales ein; oben, neben dem Klavier, Silcher, rechts von ihm der Gesellschaftsdirektor; die Sänger trinken. Außen herum, in den damals breiteren Säulengängen und auf einer Bank vor denselben, haben die Zuhörer ihre Plätze, welche somit in mancher Beziehung Zuschauer sind."

Mit der Zeit wird der Kreis der Ehrenmitglieder und Zuhörer auch auf nicht Studierende, Tübinger Bürger aus den gehobenen Ständen und Familienmitglieder der Sänger, erweitert, wodurch das gesellschaftliche Moment der Zusammenkünfte immer mehr in den Vordergrund trat. Und so wurde die Liedertafel für das Tübinger Musik- und Gesellschaftsleben ein wichtiger Mittelpunkt. Besonders beliebt wurden die Stiftungsfeste, die auch im musikalischen Programm immer attraktiver wurden und im Gesellschaftlichen durch einen anschließenden Ball und einen Familienausflug nach Niedernau, an denen auch die Familie Silcher teilnahm, an Bedeutung gewannen. So wurde die Liedertafel immer mehr „eine Vereinigung der Familien und Studenten", wie Nägele schrieb, und für das Gesellschaftsleben an der Hochschule zu einem einigenden Band. Sie trug auch dazu bei, daß die Verbindungen der Studenten auf einem friedlichen, z.T. freundschaftlichen Fuß mit einander verkehrten. Und hier bildete Silcher durch seine liebenswürdige und menschenfreundliche Art aus ausgleichende und verbindende Element.

Im Sommer fanden oft die „offenen Liedertafeln" in öffentlichen Gärten statt; sie waren, über das rein Musikalische hinaus, besonders beliebte gesellschaftliche Ereignisse in Tübingen.

Trotz dieses hohen gesellschaftlichen Momentes trat bei den „offenen Liedertafeln" mit der Zeit aber das Künstlerische immer mehr in den Vordergrund, so daß diese Abende zu anspruchsvollen Konzerten wurden, bei denen sich auch die Sänger zu einem „Auftritt" aufstellten und nicht mehr an den Tischen sangen.

Mit der Zeit kam auch ein humanitärer Gedanke in diesem jungen Studentenkreis zur Geltung, indem man Wohltätigkeitskonzerte verschiedenster Art veranstaltete, z. B. bei Brand- oder Überschwemmungskatastrophen; man sammelte 1835 Geld für ein in Stuttgart geplantes Schillerdenkmal, zu dessen feierlicher Einweihung die Liedertafel am 9. Mai 1839 geschlossen nach Stuttgart fuhr. Aber auch politisch motivierte Wohltätigkeitskonzerte zum Besten der Griechen und Polen während ihrer Freiheitskämpfe wurden aufgeführt. Hierfür hatte Silcher mit seinen Studenten z. T. bereits vor der Gründung der „Akademischen Liedertafel" Konzerte gegeben.

Trotz der anfänglichen Exklusivität öffnete sich die Liedertafel mit der Zeit immer mehr dem allgemeinen Chorleben im Lande. So veranstaltete sie 1843 ein schwäbisches Sängerfest unter der Leitung von Friedrich Silcher. Sie hatte bereits am 31. Mai 1830 an dem „Allgemeinen Liederfest zu Eßlingen" teilgenommen, worüber der Schweizer Komponist und Freund Silchers Friedrich Theodor Fröhlich (1803–1836) in einem Brief vom 24. Sept. 1830 berichtet: „Dann war ich am Pfingstmontag in Eßlingen, wo ein schwäbisches Liederfest abgehalten wurde in einer alten, verfallenen, aber desto schöner ausgeschmückten Kirche. Dreißig charmante, prächtige Burschen aus Tübingen, unter denen auch meine früheren Reisegefährten Albert Schott und Stockmeyer, nahmen mich alsbald in Beschlag, und so war's denn fidel, nolens, volens...Am folgenden Tage zog ich mit den Tübingern über die Schwäbische, romantische aller Ehren werte Alp unter Sang und Klang nach Tübingen, wo ich gottselige Tage verlebte unter diesen edeln, prachtvollen, von aller Roheit freien, kräftigen und lebensvollen Gesellen, denen ich, weil sie unter Musikdirektor Silchers Leitung so vortrefflich rein, und selbst bei ihren Kneipereien vierstimmig sangen, mehrere gesellige Chöre komponierte, für die sie schön genug durch lautes Singen dankten."

Ist dieser Brief zugleich ein hübsches Portrait der „Akademischen Liedertafel" und seiner jungen Sänger, so soll nicht unerwähnt bleiben, daß der hier erwähnte Schott der politisch und musikalisch vielfältig hoch engagierte Stuttgarter Rechtsanwalt und Procurator Dr. Albert Schott war, der erste Vorsitzende des „Stuttgarter Liederkranzes" (1824 gegründet) und Vorsitzender der oben erwähnten Griechen- und Polenhilfsvereine. Er hatte zu dem Liederheft dieses Eßlinger Liederfestes 1830 auf die Melodie J. Haydns, die heute unsere Hymne ist, bereits eine Nationalhymne geschrieben: „Deutschland! Ruhmes Glanz und Ehre, dir, o unserer Väter Land!", das bei diesem Feste von allen beteiligten Chören gemeinsam gesungen wurde. Der Text entstand also 11 Jahre vor dem von Hoffmann von Fallersleben (1841), der zu unserer heutigen deutschen Nationalhymne gehört: „Deutschland, Deutschland über alles."

Auch besuchte die „Akademische Liedertafel" unter Silchers Leitung schwäbische Liederfeste in Herrenberg, Reutlingen, Heilbronn (wo sie beim Wettstreit den ersten Preis erhielt), Ludwigsburg u. a. mehr. Sie gehörte zu den Begründern des „Schwäbischen Sängerbundes". Erwähnenswert ist noch das „Achte schwäbische Liederfest in Tübingen", das ebenfalls wieder unter der musikalischen Leitung Friedrich Silchers stand und bei dem die Bundesfahne am 31. Mai 1857 eingeweiht wurde und Uhland und Silcher zu Ehrenmitgliedern ernannt wurden.

Bei diesem Sängerfest wurden die Lieder „Wir sind ein festgeschlossner Bund", das Silcher für den Stuttgarter Liederkranz zu seinem Stiftungsfest 1824 geschrieben hatte, und „Die Löwenfahne", eigens für die Einweihung der Fahne verfaßt, von allen Chören unter der Leitung von Silcher gesungen. Auch der „Oratorienverein" nahm an diesem Fest in der Kirche teil. Am Nachmittag wurde auf dem Wöhrd (in einer Platanenallee) weiter gefeiert, wo „die Liedertafel einen besonderen Anziehungspunkt bildete, da sie unter ihrem immer jugendlichen Silcher (er war inzwischen 68 Jahre alt!) nicht ermüdete, durch ihre Gesänge alle Mitglieder und Freunde zu erfreuen", wie der „Schwäbische Merkur" 1857 schrieb.

Vom Wintersemester 1859/60 berichtet der Chronist der Liedertafel: „Unser geliebter und verehrter Vater Silcher legt seine Universitätsmusikdirectorsstelle nieder und so verlieren wir den treuen und bewährten Führer, der bis in sein hohes Alter mit unermüdlicher Kraft an dem Ruhm der Liedertafel gearbeitet. Ende Februar fand die letzte Aufführung unter seiner Direction statt." Es wurde unter fortwährendem Beifall gesungen, und Silcher war in sehr gerührter Stimmung; ein kräftiges Hoch auf den verehrten Meister war hier im Saal der letzte Abschied. Dann aber wurde beschlossen, „dem Gefeierten in einem Fackelzug den Dank und die Anhänglichkeit seiner Schüler auszudrücken. Er wurde am 14. März Abend 6 Uhr ausgeführt", so berichtete Nägele weiter.

Das Tübinger Liederfest (1843)

Das Repertoire

Trotz des steten Wechsels von einem Semester zum anderen in der Besetzung der Liedertafel, wie dies auch bis heute bei den Universitätschören der Fall ist, vermochte Silcher das hohe Niveau des Chores zu erhalten oder sogar zu steigern, wenn er auch bei Wiederholungen von Werken z. B. in der Einstudierung oft wieder von vorne beginnen mußte.

Das Liedgut der ersten Jahre waren Silchers Volksliedhefte „XII Volkslieder, gesammelt und für vier Männerstimmen gesetzt....", von denen inzwischen die ersten Hefte bei Laupp in Tübingen erschienen waren. Dazu schrieb er noch Singhefte, für jede Stimme 10 Hefte, in denen er zusätzlich Lieder eintrug.

Dann begann er die sechs handgeschriebenen Partiturhefte mit insgesamt über 440 Chorwerken unterschiedlichster Art anzulegen, die uns heute noch erhalten sind. Der Umfang und die Vielfalt der dort, neben seinen eigenen Werken, festgehaltenen Chorwerke verschiedenster Komponisten zeugen von einer umfassenden Kenntnis Silchers der Chorliteratur seiner Zeit und geben einen interessanten Querschnitt durch die damalige Männerchorliteratur.

Natürlich beschränkte sich das Repertoire der Liedertafel nicht auf diese in den sechs Heften aufgezeichneten Chorwerke, denn vor allem im Laufe der ersten Hälfte des 19. Jahrhunderts kam eine Fülle von Veröffentlichungen von Männerchorkompositionen heraus, sogar eine Überfülle an Machwerken, über die sich Silcher mehrfach beklagte.

Interessanterweise waren in den ersten drei Heften dieser handschriftlichen Bände Opernchöre besonders zahlreich vertreten, womit Silcher wahrschein-

lich auch dem Wunsche seiner Studenten entgegen-
kam. Männerchorkompositionen und Volksliedbear-
beitungen für Männerchor, die Silcher immer wieder
als zwei unterschiedliche Gattungen herausstellte,
nahmen einen großen Umfang in dieser Sammlung
ein. (Anzumerken ist, daß bis heute sogenannte Män-
nerchorexperten die oben erwähnten Begriffe immer
noch durcheinanderwerfen und Volksliedsätze als
„Männerchöre" bezeichnen, was leider auch bei der so
verdienstvollen Ausgabe in Albert Auer's Musikver-
lag, Stuttgart 1929, mit dem Titel „Sämtliche Männerchöre", geschah.)

Daß die Männerchorwerke bzw. Opernchöre von
Conradin Kreutzer (1780–1849), Heinrich August
Marschner (1795–1861), Felix Mendelssohn Bartholdy
(1809–1847), Wolfgang Amadeus Mozart (1756–1791)
und Carl Maria von Weber (1786–1826) in diesen Heften am häufigsten vertreten waren, war nicht zuletzt
auch in Silchers besonders enger künstlerischer Verbundenheit mit diesen Komponisten begründet.

Silcher traf die Auswahl der Lieder einerseits nach
ihrer Eignung für die „offene Liedertafel" mit konzer-
tantem Charakter sowie für die gesellige Runde der
Liedertäfler mit Trink- und Scherzliedern als „echte
Kinder studentischer Muse", wie Ewens sagt. Andererseits nahmen die ausgewählten Männerchöre und
Volksliedsbearbeitungen für Männerchor direkten
Bezug auf das politische Geschehen im Laufe der über
dreißigjährigen Arbeit Friedrich Silchers mit seinen
Studenten der Liedertafel. Wie schon erwähnt, tau-
chen im Zusammenhang mit den griechischen und
polnischen Freiheitskriegen die entsprechenden
Nationallieder – z.B. Polens Hymne „Noch ist Polen
nicht verloren" – auf, die Silcher für die Liedertafel
bearbeitet hatte. Für die französische Revolution von

1830 bearbeitete Silcher die „Marseillaise" und während der politischen Bewegungen um 1848 Hoffmann von Fallerslebens „Deutschlandlied" (1841), nach der Melodie von J. Haydn, für vierstimmigen Männerchor. Er übernahm Ernst Moritz Arndts „Was ist des Teutschen Vaterland?" in der Vertonung des aus Pommern gebürtigen, in der Zelterschen Liedertafel tätigen Musiklehrers Gustav Reichardt (1797–1884), niedergeschrieben am 3. August 1825 auf der Spitze der Schneekoppe und bis 1870 in den Männerchorkreisen als Nationalgesang viel gesungen.

Aus diesen sechs handschriftlichen Partiturheften veröffentlichte Silcher drei Hefte „Tübinger Liedertafel", Chöre und Quartette für Männerstimmen, Heft I, op. 15 (1832), Heft II, op. 16 (1833) und Heft III, op. 29 (1836), mit jeweils zehn Männerchorkompositionen bei Laupp in Tübingen. In diesen Heften sind Originalkompositionen Silchers und seine Bearbeitungen fremder Werke aufgenommen, die anspruchsvoller sind als seine „Zwölf leichten vierstimmigen Lieder für den Männerchor" op. 34,1 (1839), von denen „Hab' oft im Kreise der Lieben" zum Volkslied wurde.

Aus Silchers Liedertafel-Repertoire außerhalb dieser handschriftlichen Partiturbände müssen noch die mehrmaligen Aufführungen von F. Mendelssohn Bartholdys „Antigone" und „Ödipus auf Kolonos" für Solostimmen, Männerchor und Orchester erwähnt werden, nach deren Vorbild Silcher selbst den „Monolog aus dem Tod des Aias von Sophokles für eine Baß- oder Bariton-Stimme" als op. 59 (1851) vertont hatte, das auch mehrfach unter Lindpaintner in der Hofoper in Stuttgart aufgeführt wurde.

Titelblatt zu „Der Tod des Aias"

DER TOD DES AIAS

Monolog aus der gleichnamigen Tragödie des SOPHOKLES

übersetzt von J. Ch. Stüber.

für

eine Bass oder Bariton-Stimme

mit

Männer-Chor & Orchester

componirt von

FR. SILCHER.

Op. 59.

Chorstimmen 60 Pf.   Clavierauszug M 2

Orchester-Partitur & Orchester-Stimmen liefert der Verleger in Abschrift.
Als Solostimme hat ein zweiter Clavierauszug zu dienen.

Verlag & Eigentum
von
G. A. ZUMSTEEG IN STUTTGART.

Leipzig,   Wien,
C. F. Leede.   Rebay & Robitschek.

Silcher als Dirigent (Karikatur, vermutlich von ihm selbst gezeichnet)

Mehr als nur eine Anekdote

Zu der „Antigone" möge noch eine heitere Geschichte aus den Lebenserinnerungen des Universitätsturnlehrers Carl Wüst aus Tübingen, dem Patenkind Silchers, erzählt werden: „Während der Einübung von Mendelssohns ‚Antigone' mußte ich zufällig sein (Silchers) Exemplar entlehnt und vergessen haben, es ihm wieder rechtzeitig zuzustellen, als ich folgendes Briefchen von ihm erhielt:

> Seiner Wohl- Schön- und Kräftig geborenen
> Herrn Turnlehrer Wüst dahier.
> Gestern Abend
> in der Probe
> Immer rief ich weh, o weh!
> Kommt denn nicht Antigone?
> In des Saales heißer Zone
> Rief auch Stoll*: Komm Antigone!
> Ei, was ist denn das, he, he!
> Schläft denn die Antigone?
> Ach, ich wollt, sie wär schon da,
> Meine Maid enogitnA!"

Silcher wußte eben mit viel Humor im Umgang mit den Studenten ihnen das Singen fröhlich zu gestalten. So sagte er auch, als die Liedertafel 1851 zu dem Wettstreit nach Heilbronn fahren sollte und in der Vorprobe so schlecht gesungen wurde: „Geht es morgen nicht besser, so gehe ich nach Patagonien und gründe eine Liedertafel unter den Papageien." Am nächsten Tage waren die Sänger so gut, daß sie den ersten Preis erringen konnten!

---

*   Stoll war der Musikdiener der Liedertafel

Möge zum Schluß dieses Kapitels noch Silchers verdienstvoller Biograph August Bopp zu Worte kommen, der über dessen Arbeit mit der Liedertafel sagt: „Wenn Silcher nichts geleistet hätte, als daß er durch diese Liedertafelgesänge der gebildeten schwäbischen Jugend durch mehr als 30 Jahre hin eine Fülle edlen Musikgutes zugeführt hätte, und zwar in einer Zeit, in der man noch keine Volkssymphoniekonzerte und Volksopernvorstellungen um wenige Pfennige und keine Klavierauszüge und Volksausgaben zu einem Spottpreis kannte, wenn Silcher nur der Liedertafeldirigent gewesen wäre, als den ihn seine Partituren ausweisen, so wäre er dennoch einer der verdientesten Männer in der Geschichte der württembergischen Musikpflege." Wenn man bedenkt, daß diese Studenten als spätere Pfarrer, Lehrer, Professoren, Musiker, Missionare und höchste weltliche und geistliche Würdenträger weit über den schwäbischen Raum in die Welt hinaus gingen, so wird deutlich, daß der musikerzieherische Wirkungskreis Silchers ebenso groß ist wie der seiner in aller Welt bekannten Volkslieder.

DER ORATORIENVEREIN

MUSIK UND POLITIK

„Um einem in der hießigen Gesellschaft vielfach geäußerten Wunsche zu entsprechen, wurden schon seit einiger Zeit Vorbereitungen zu einem musikalischen Vereine getroffen, durch den größere ausgezeichnete Tonstücke eingeübt und aufgeführt werden könnten. Um sogleich ein deutliches Bild von der Tendenz des Ganzen geben zu können, wurde auch der beiligende Entwurf von Statuten ausgearbeitet.

Da nun jetzt Herr Universitäts-Musik-Direktor Silcher bereits seine Geneigtheit erklärt hat, die Stelle eines Musikdirektors der Gesellschaft zu übernehmen, da die städtischen und Universitäts-Behörden die freundliche Bereitwilligkeit gezeigt haben, passende Lokale einzuräumen, so wie auch drei am Schlusse unterzeichnete hießige Damen ihre statutenmäßige Theilnahme gütigst zugesagt haben, so bedarf es nur noch der Erklärungen derjenigen verehrlichen Damen, welche zum Eintritt in den Frauen-Chor geneigt wären, um diesen zu konstituieren, die hiervon abhängige Zahl der männlichen Stimmen zu bestimmen, um die Gesellschaft ins Leben treten zu lassen.

Es werden daher die gesangkundigen hießigen Damen zur gefälligen Unterzeichnung geziemendst eingeladen.

Tübingen, den 21. Juli 1839"

So lautete die erste Einladung zur Gründung eines „Oratorienvereins" in Tübingen unter der Leitung von Friedrich Silcher. Einige Monate später, im November 1839, hieß es dann weiter:

„Der im Laufe des letzten Sommers zusammengetretene Verein für Ausführung ernster großartiger Musikwerke – Oratorien-Verein – hat seine innere Einrichtung so weit beendigt, daß er bereits einigen Künstlerischen Genuß versprechen, und den Beitritt weiterer zuhörender Mitglieder annehmen kann.

Nach den nächstens im Druck bekanntzumachenden Statuten steht allen hießigen gebildeten Ansäßigen der Eintritt frei, gegen einen Beitrag von 30 Kreuzern vierteljährig, der bei der Zusendung der Eintritts-Karte erhoben wird.

Die Singübungen finden jeden Donnerstag Nachmittags von 2–4 Uhr im großen Aula-Saale statt, wobei sämtliche zuhörende Mitglieder Zutritt haben. Um jedoch den mehr musikalische Unterhaltung suchenden Zuhörern, die sich weniger für das Studieren der Musikstücke im Detail interessieren, einen durch Wiederholungen u. dgl. ungestörten Genuß zu gewähren, wird je am letzten Donnerstag in jedem Monat ein bereits vorher eingeübtes geschlossenes Gesangswerk zur Aufführung gebracht werden.

Die etwa zum Beitritt geneigten verehrlichen hießigen Honoratioren werden ersucht, ihre Namen unten beizusetzen, worauf die Eintritts-Karten ihnen zugeschickt werden."

Silcher hatte schon 1827 J. Haydns „Schöpfung" aufgeführt. In einem Brief an seinen Freund Hans Georg Nägeli vom 28. 8. 1827 schreibt er: „Vor vier Wochen habe ich hier mit den hiesigen Dilettanten Haydn's Schöpfung aufgeführt, die nach dem Urtheil der Kenner, welche von allen Seiten – 6 Stunden im Umkreis – herbeiströmten, sehr gut ausgefallen ist. Übrigens habe ich Orchester- und Sing-Personal beinahe ein halbes Jahr lang eingeübt, wobei mir aber die Freude ward, daß die Fugen dahin flogen, wie von den Fittigen des Windes getragen. Im ganzen brachte ich Musiker und Sänger zwischen 80 und 90 zusammen, und zwar lauter Tübinger."

99

Die neue Aula der Universität Tübingen

Schon lange war seitdem der Wunsch geäußert worden, einen Oratorienverein zu gründen. Aber die politischen Verhältnisse und die vielen Unruhen, zuletzt im Sommer 1833 anläßlich der Neuwahlen für das Parlament in Württemberg, zu denen die Liberalen entgegen dem Willen des Königs den liberalen Paul Pfizer erneut aufgestellt und auch die Akademische Liedertafel und die Stiftler sich als Wahlhelfer für die Liberalen betätigt hatten, waren nicht dazu geeignet. Die Burschenschaften wurden aufgehoben, 400 Soldaten wurden in den Häusern der Bürger von Tübingen zur Überwachung zwangsweise einquartiert, und schließlich reichte Ludwig Uhland, als man ihm seitens der Regierung den Urlaub zum Eintritt in die Ständekammer versagte, am 22. Mai 1833 seine Entlassung aus dem Staatsdienste ein, die ihm mit dem kränkenden Vermerk „Sehr gerne!" gewährt wurde. David Friedrich Strauß, Friedrich Theodor Vischer und Hermann Kurz gründeten in diesem Jahre die Gesellschaft „Patrioten".

Inzwischen hatten sich die politischen Stürme gelegt, und die Soldaten hatten Tübingen verlassen, so daß man wieder an die musischen Dinge denken konnte.

Ein aussergewöhnlicher Chor

Bemerkenswert ist, daß der Oratorienverein ein exklusiver Kreis war, bestehend aus „Mitgliedern der Universität und Angehörigen der hiesigen gebildeten Gesellschaft", wie es im § 3 der Statuten heißt. § 2 bestimmt: „Zunächst soll nur Vokalmusik mit Clavierbegleitung statt finden." Und weiter wird festgelegt: „Der Eintritt in den Frauenchor steht jedem weiblichen Mitgliede einer hiesigen gebildeten Familie frei, wenn der Musik-Direktor des Vereins die musikalische Fertigkeit für hinreichend erklärt." (So § 6) Für die weiblichen Mitglieder wurden drei Damen der Gesellschaft gewählt, die die Aufsicht in den Proben hielten. So berichtet ein Student, der im Oratorienverein mitgesungen hat: „Die Übungen. . . . wurden beaufsichtigt von einer älteren Dame, die dem Ausschuß angehörte; im Hintergrund des Saales auf und ab gehend, hörte sie aufmerksam zu, keine Übung versäumend, mit strenger Miene, unnahbar; so schien sie wenigstens uns jungen Leuten, die eine achtungsvolle Scheu vor ihr fernhielt – es war die Frau Ludwig Uhlands."

Neben Ludwig Uhland und einer Reihe von Universitätsprofessoren waren auch Universitätsbeamte und deren Frauen und Töchter als passive Mitglieder, als sogenannte „Heizer", dem Oratorienverein beigetre-

Tübinger

Oratorien-Verein.

PROGRAMM

für die erste Hälfte der im Sommer 1846. in chrono-
logischer Ordnung aufzuführenden Auswahl von
Oratorien - Stücken.

I. Sebastian Bach,

(geb. 1685 zu Eisenach; Cantor an der Thomasschule zu Leipzig;
st. 1750).

Passions-Musik nach Matthäus.

№. 13. Recit. (Tenor): „Aber am ersten Tage der
süßen Brode."

№. 14. Chor: „Wo willst du, daß wir dir bereiten
das Osterlamm zu essen."

№. 15. Recit. (Tenor — Evangelist, und Bass —
Jesus): „Er sprach: Gehet hin in die
Stadt" —

und Chor: „Herr bin ich's?"

ten. (Sie hießen Heizer, weil sie durch Beiträge und Spenden u. a. auch die Kosten für die Heizung des Probelokals mitfinanzieren halfen.) Der erste „Gesellschaftsdirektor" war der Phil. Stud. Eduard Mohl, der dem Verein am 15. November 1839 ein „Anlehen" gegen 4 1/2 Prozent gegeben hatte, das er aber bereits am 28. Januar 1840 zurückerhielt. Der erste Vorsitzende soll der Staatswissenschaftler Robert von Mohl gewesen sein, auch ein Liberaler, der 1845 aus politischen Gründen seine Stelle an der Universität Tübingen aufgab.

Der Schüler und Freund Silchers Christian Palmer, späterer Universitätsprofessor für Theologie an der Tübinger Universität, war ab 14. Mai 1847 der Gesellschaftsdirektor des Oratorienvereins und verfaßte ein wichtiges, umfangreiches Protokoll über die Arbeit und die Aufführungen des Vereins seit seiner Gründung. Hieraus ersehen wir, daß Silcher in 21 Jahren 73 Konzerte mit Oratorien durchgeführt hatte: allein 23 Konzerte mit Werken von Felix Mendelssohn Bartholdy – oft bereits kurz nach ihrer Uraufführung –, 17 mit Werken von G. F. Händel, wiederholt Konzerte mit Haydns und Mozarts Werken (er führte sogar Mozarts „Requiem" auch einmal in deutscher Sprache auf!) und viele unbekannte Oratorien, die hier aufzuzählen zu weit führte. Erwähnenswert ist aber, daß er bereits 1846 Teile aus J. S. Bachs „Matthäuspassion" und später noch Teile aus der „h-Moll-Messe" und andere Werke von Bach mit dem Oratorienverein realisierte.

Zu Robert von Mohl sei noch nachgetragen, daß er Silcher sehr schätzte, ganz abgesehen davon, daß er als Liberaler zu Silcher enge Beziehungen gehabt

Konzert des „Oratorienvereins" mit einem Ausschnitt aus der „Matthäuspassion" von J. S. Bach (1846)

haben muß. Er dedizierte ihm nach Adolf Bopps Angaben den wertvollen Klavierauszug der von dem litauischen Fürsten Anton Heinrich Radziwill (1775–1833) geschriebenen Bühnenmusik zu Goethes „Faust", die an verschiedenen deutschen Bühnen aufgeführt wurde. In der Widmung schreibt er „Herrn Musikdirektor Silcher in freundlichem Andenken".

Die Exklusivität der Mitgliedschaft des „Oratorienvereins" ging so weit, daß für Sängerinnen, die nicht den gewünschten Kreisen angehörten, die aber wegen ihrer guten Stimme gebraucht wurden, halbjährlich 30 Kreuzer für das Betreten des Museums an die Museumskasse gezahlt werden mußten. Diese Verbindlichkeit wurde aber später wieder aufgehoben.

Laut Protokoll wurde „am 6. März 1860 als letztes Stück unter Herrn Dr. Silchers Direktion die ‚Schöpfung' aufgeführt, u. ihm am gleichen Abend von den Sängerinnen und Ausschußmitgliedern ein Fauteuil als Zeichen ihrer Dankbarkeit und Achtung für die treue u. unermüdliche Leitung des Vereins überreicht".

Silcher hatte mit dem „Oratorienverein" einen Klangkörper geschaffen, der soziologisch und musikalisch über den zu dieser Zeit neu aufkommenden Laienchören stand. Allein die Bedingung einer gesanglichen und musikalischen Vorbildung für die Aufnahme in den Chor erbrachte andere künstlerische Voraussetzungen für die künstlerische Arbeit als in den anderen bürgerlichen Gesangvereinen.

Daß alle vier Wochen den passiven bzw. fördernden Mitgliedern des „Oratorienvereins" ein schon erarbeiteter Teil eines Chorwerks dargeboten wurde, ähnlich wie bei der „Offenen Liedertafel" der „Akademischen

Programm zur Silcher-Gedenkfeier (1860)

Tübingen.

Freitag den 16. November

Musikalische Aufführung

im Museums-Saale

zum Ehrengedächtniß des verewigten Dr. Silcher

gegeben vom

Oratorien - Verein und der Liedertafel

unter Mitwirkung des Orchester-Vereines.

PROGRAMM.

I.

1. Chor mit Orchester aus einer Trauercantate (1737 auf den Tod der Königin Caroline von England componirt) von Händel.

2. „Stumm schläft der Sänger" schottischer Bardenchor . . Silcher.

3. Motette für Solo u. Chor: „Aus tiefer Noth" ꝛc. . Mendelssohn.

4. Ecce quomodo moritur justus, Motette v. Jakob Gallus († 1591).

II.

5. „Sanft wie du lebtest, hast du vollendet", elegischer Chorgesang mit Orchester (Op. 118) . . . . Beethoven.

6. Arie für Sopran aus dem 42. Psalm („Meine Seele dürstet nach Gott" ꝛc.) . . . . Mendelssohn.

7. Sanctus, sanctus etc. . . . . Silcher.

8. Fünfstimmiger Choral: „Welt ade, ich bin dein müde" . . . . Rosenmüller (1649).

9. „Ich weiß nicht, was soll es bedeuten" . . . . . Silcher.

Anfang Abends halb 8 Uhr.

Die abonnirten Mitglieder der oben genannten drei Vereine haben freien Zutritt. Für anderweitige Zuhörer sind Karten à 36 kr. bei Hrn. Kaufmann Bossert und Hrn. Museumsdiener Veit zu haben.

Liedertafel", hatte zugleich auch einen pädagogischen Sinn: so vorbereitet, konnten diese Musikliebhaber das Werk bei dessen Gesamtaufführung besser verstehen. Daß diese Werke mit Klavierbegleitung aufgeführt wurden, entsprach den damaligen Praktiken der Hausmusik, bei der man Symphonien, Oratorien oder auch Opern z.T. sogar in vierhändigen Bearbeitungen für Klavier vortrug, um sie überhaupt kennenzulernen, da nur sehr wenigen die Möglichkeit geboten war, in größeren Städten die Werke in der Originalbesetzung zu hören. Und so konnte Tübingen zu der Zeit Silchers ein Musikleben aufweisen, das in vielen größeren Städten nicht zu finden war.

Wenn einer über eine gute Stimme verfügte, aber keine musikalische und gesangliche Ausbildung hatte, bot Silcher selbst vielen Mitgliedern des „Oratorienvereins" bzw. denen, die es werden wollten, Unterricht in Gesang und Klavier an, oder er schickte sie zu seinem früheren Lehrerkollegen Wilhelm Wüst und dessen Sohn, dem Patenkind Silchers, Carl Heinrich Wüst, die beide auch „Akkompagnisten des Oratorienvereins" waren.

ER WAR KEIN TRAUMTÄNZER

SILCHER IST EIN DEMOKRATE
UND DAS IN SEHR HOHEM GRADE

So dichteten Studenten der Universität und des Evangelischen Stifts in Tübingen über Silchers politische Einstellung. Er gehörte dem kleinen Kreis der Dozenten an, die sich den liberalen Bestrebungen der Studentenschaft gegenüber aufgeschlossen zeigten, wie L. Uhland, C. G. Gmelin, Fr. Th. Vischer (letzterer auch Schüler Silchers), D. F. Strauß (Repetent am Ev. Stift und Verfasser des damals sehr umstrittenen Buches „Das Leben Jesu"), Robert von Mohl und einige wenige andere, die sogar wegen ihrer demokratischen Haltung ihre Stellung an der Universität verloren.

Selbst Silchers väterlicher Freund Jonathan Bahnmaier mußte aus politischen Gründen im Zusammenhang mit dem Mord des Studenten Karl Ludwig Sand an dem Diplomaten und Bühnenschriftsteller August von Kotzebue seine Professur aufgeben. Sands Entschluß zu diesem Mord beruhte auf einem Irrtum über eine Schrift gegen die akademische Freiheit, die fälschlicherweise Kotzebue zugeschrieben wurde und ihn in den Ruf eines antiliberalen Verräters gebracht hatte. Bahnmaier als damaliger Rektor wurde zu einer Stellungnahme zu dieser Mordtat aufgefordert und soll ein „mitigirendes Urteil", ein zu positives Urteil, über Sand abgegeben haben, weswegen er bei König Wilhelm I. in Ungnade fiel und als Dekan nach Kirchheim u. d. Teck strafversetzt wurde. Bahnmaier soll persönliche Beziehungen zu Sand gehabt haben, als dieser im Wintersemester 1814/15 in Tübingen studierte. Die Folgen dieses Mordes waren die „Karlsbader Beschlüsse", die die akademischen Freiheiten sehr einschränkten, worunter selbstverständlich auch die Universität

Tübingen zu leiden hatte. Auch hiervon war Silcher betroffen.

Die politische Situation der deutschen Jugend war zu Beginn des 19. Jahrhunderts, als sie 1813 aus den Freiheitskriegen heimkehrte, dadurch gekennzeichnet, daß sie in 39 Staaten, in 39 Vaterländer, aber nicht in ein einiges Deutschland heimkehrte, nachdem sie Schulter an Schulter, Bayern und Preußen, Württemberger und Sachsen, Rheinländer und Pommern, gekämpft hatte. Ernst Moritz Arndt hatte bereits 1813 sein Lied geschrieben: „Was ist des Teutschen Vaterland? Ist's Preußenland, ist's Schwabenland?" Die letzte Zeile heißt: „Das ganze Deutschland soll es sein." – „Von der Maas bis an die Memel, von der Etsch bis an den Belt", so dichtete Hoffmann von Fallersleben 30 Jahre später dazu, denn diese Verse gehören zusammen. Es waren die Lieder der Sehnsucht dieser Zeit nach einem großen Vaterland, Lieder einer Sehnsucht und nicht einer Aggression nach außen.

Im IV. Band seiner handschriftlichen „Tübinger Liedertafel"-Bände, die er für die Studenten seiner 1829 gegründeten „Akademischen Liedertafel" geschrieben hatte, hat Silcher beide Lieder bearbeitet und sie miteinander singen lassen. So eng gehörten beide Lieder in ihrem politischen Programm zusammen. Das wurde auch so von den Studenten Silchers verstanden.

Ob wir das „Wartburgfest" (18. 10. 1817) oder das „Hambacher Fest" (27. 5. 1832) nehmen, an beiden haben Tübinger Studenten aus Silchers Kreis aktiv teilgenommen. Und diese Feste waren „Demonstrationen" für eine demokratische Freiheit in Deutschland, ohne Machtanspruch nach außen. Der Jenaer Jurastudent sagte: „Wir alle sind Brüder, alle Söhne eines und desselben Vaterlandes, in der Liebe zu einem einigen deutschen Vaterland vereint!" In Hambach sprach man sogar von „nationaler Selbstbestimmung", von den „vereinigten Freistaaten Deutschlands" und von einem „konföderativen Europa".

POLITISCHE GESÄNGE

Blättern wir in sechs „Tübinger Liedertafel"-Bänden, so finden wir den Niederschlag all dieser politischen Ereignisse in vielen dieser Lieder. Vergessen wir nicht, daß unter den 32 Gründungsmitgliedern der „Akademischen Liedertafel" 28 sogenannte „Feuerreiter" waren, d. h. Burschenschafter, die wegen ihres hohen politischen Feuereifers „Feuerreiter" genannt wurden. Es waren Studenten, mit denen Silcher in besonders enger freundschaftlicher Beziehung stand und die sich von ihm gerade auch in ihrer politischen Anschauung verstanden wußten.

Hatte sich das Bürgertum, das sich im Kulturleben zu emanzipieren begann, aus dem politischen Leben des „Vormärz" zurückgezogen, so standen die Studenten der Universität und des Stifts um so aktiver im politischen Leben. Und Silcher zeigte sich mit seinen Studenten offen für alles, was auch immer politisch und kulturell um ihn und in der Welt geschah.

So sang Silcher anläßlich der Julirevolution 1830 in Paris, die von manchen Historikern für impulsreicher für ganz Europa angesehen wird als die von 1789, bei einem feierlichen Kommers die „Marseillaise", neben anderen Freiheitsliedern. Die „Marseillaise" hatte er

Programm eines Wohltätigkeitskonzerts der Tübinger „Liedertafel" (1826)

Tübingen.

Montag, den 19. Juni 1826.

Konzert
Zum Besten der Griechen

im

Saale des Museums.

Erste Abtheilung.

1. Ouverture aus der Iphigenie in Aulis, von Gluck.
2. „Herz, laß dich nicht zerspalten," aus Leyer und Schwerdt von Th. Körner, Musik von Silcher.
3. Chor für weibliche Stimmen: „Du in der Höhe sieh huldreich nieder", aus der Iphigenie in Tauris von Gluck.
4. Baßarie aus dem unterbrochenen Opferfest von Winter.
5. Scythen=Chor (mit Balletmusik) aus der Iphigenie in Tauris.

Zweite Abtheilung.

1. Ouverture aus Idomeneo von Mozart.
2. Terzett: „Sieh an des Volkes Jammer," von Mozart.
3. Variationen fürs Klavier von Ries.
4. Lied: „der Strom der Zeit," v. A. Schreiber, Musik von Silcher.
5. Chor: „Ewig zürnt die Gottheit nicht," aus der Iphigenie in Tauris von Gluck.

An der Casse kostet der Eintritt 36 kr.

~~~~~~~~~~~~~

Der Anfang ist Abends 7 Uhr.

bereits 1824 mit einigen Studenten auf dem Tübinger Marktplatz intoniert.

An den Freiheitskämpfen der Griechen gegen die Türken ab 1821, die von vielen europäischen Freischärlern – auch aus Tübingen – unterstützt wurden, nahm Silcher mit seinen Studenten lebhaften Anteil und gab zu ihrer Hilfe Wohltätigkeitskonzerte. Die „Schwäbische Chronik" vom 9. 8. 1826 berichtet: „Von Musikdirektor Silcher, Einnahmen von 145 Gulden, 36 Kreuzer".

In Stuttgart wurde 1821 der international erste „Griechen-Hilfsverein" gegründet. Eines der führenden Mitglieder des Vorstandes in Tübingen war Ludwig Uhland, und in Stuttgart der Prokurator Dr. A. Schott, um nur zwei Namen zu nennen. In diesen Wohltätigkeitskonzerten ließ Silcher auch griechische Lieder singen.

Auch die Freiheitskämpfe der Polen 1830/31 gegen die Russen fanden in Württemberg viele Anhänger und Helfer. Es wurden „Polenvereine" gegründet. Und hier waren es wieder die Tübinger Studenten und vor allem die „Feuerreiter", die aktiv wurden. In der gemeinsamen Sehnsucht nach territorialer und staatlicher Freiheit und Einheit setzten sich die Tübinger Studenten für die der Polen ein. Unter der Leitung von Friedrich Silcher fanden im Museumssaal mehrfach Wohltätigkeitskonzerte „zum besten der verwundeten Polen" statt, für die Silcher eigens polnische Freiheitslieder, u. a. auch die polnische Nationalhymne „Noch ist Polen nicht verloren", für Männerchor bearbeitete und sie von den Studenten singen ließ. Als am 29. Juni 1832 junge polnische Offiziere durch Tübingen zogen, wurden sie von der Studentenschaft mit Ovationen empfangen, was bei der staatlichen Obrigkeit Besorgnis erregte, die die Studenten aber nicht abhielt,

Das Wappen der Tübinger „Feuerreiter"

am gleichen Abend eine eigene „Tübinger Liedertafel"
„unter der Leitung von Silcher" für die „unglücklichen
Helden" zu veranstalten. Der „Hochwächter", eine liberale Zeitschrift, schrieb darüber: „Wahrhaft begeistert

und begeisternd war der Gesang der Studenten." Ein eigenes polnisches Liederheft wurde gedruckt: „Zehn polnische Lieder mit einem Gruß an die flüchtigen polnischen Offiziere", Tübingen 1832, das in zwei Auflagen erschien und dessen Erlös den Polen zugute kam. In den Polenvereinen sammelte man Gelder in Höhe von über 10.000 Gulden – nach heutigem Geld etwa DM 500.000,–; außerdem wurden zentnerweise Verbandsmaterial und Nahrungsmittel im August 1831 nach Polen geschickt.

Auch die Nationalversammlung von 1848 in der Paulskirche in Frankfurt, zu der aus Tübingen u. a. L. Uhland, Fr. Th. Vischer und P. Pfizer (beide Schüler Silchers) gesandt worden waren, fand ihren Niederschlag in vielen von Silcher vertonten oder bearbeiteten Freiheitsliedern. Die „Zwölf Lieder für Turner" (2 Hefte 1845 und 1847) für drei gleiche Stimmen sowie seine „Sechs vierstimmigen Lieder für deutsche Wehrmänner" (1847) wurden von Silcher desgleichen vor dem politischen Hintergrund dieser Zeit geschrieben.

In diesen Zusammenhang gehört auch die politische Bedeutung des Wappens der „Feuerreiter", das drei gekreuzte Fahnen zeigte: weiß-rot (Polen), schwarz-rot-gold (Deutschland) und blau-weiß-rot (Frankreich), eine Farbensymbolik für die drei freiheitsliebenden europäischen Nationen.

Silcher ging in seinem politischen Engagement nicht auf die Barrikaden. Das entsprach nicht seiner Natur. Er wußte aber mit geistigen, ethischen und eben auch musikalischen Mitteln, mit Mut, Offenheit, aber auch mit aller Fairneß zu kämpfen. Silcher war also kein weltfremder Traumtänzer, als der er immer so gerne dargestellt wird. Wenn Ottilie Wildermuth im Zusammenhang mit Silchers „Loreley" von „unserm nüchternen Silcher" spricht, so offenbart dies bereits die

Lebens- und Weltoffenheit eines Mannes, der sich, nicht zuletzt als Pädagoge, als ein Pragmatiker zeigt, so in der Realisierung der musikpädagogischen Ideen eines Heinrich Pestalozzi und seines musikalischen Mitstreiters Hans Georg Nägeli.

DAS KOMMERSBUCH

Silchers enge Verbundenheit mit der Studentenschaft kam auch durch seine Mitarbeit am „Allgemeinen Deutschen Commersbuch" zum Ausdruck, bei welcher Gelegenheit er sich mit Friedrich Erk zusammentat, dem Bruder des Volksliedsammlers Ludwig Erk. Der Arzt Hermann Schauenburg gab es 1858 in Lahr heraus. Bereits 1843 hatte Schauenburg als Medizinstudent das Studentenliederbuch „Deutsche Lieder" in Leipzig veröffentlicht, in Zusammenarbeit mit Justus Lyra (1803–1870) – Pfarrer und Komponist vieler geistlicher Musiken, auch des heute noch gesungenen Liedes „Der Mai ist gekommen", nach einem Text von Emanuel Geibel – sowie mit dem Studenten Rudolf Löwenstein, dem späteren Redakteur der politischen Zeitschrift „Kladderadatsch".

Als Schauenburg 1842 mit Hoffmann von Fallersleben in Berlin zusammengetroffen war, hatte er für sein Liederbuch reiche Anregungen erhalten. Doch bald wollte er eine Neuausgabe vorlegen. Zur Übernahme der musikalischen Redaktion wandte er sich an Friedrich Silcher in Tübingen, wahrscheinlich auf Empfehlung von H. v. Fallersleben, mit dem Silcher sehr gut befreundet war. Nach einer ersten Ablehnung, weil Schauenburg bereits Silchers Mitarbeit angekündigt hatte, ehe der selbst davon wußte, willigte er ein. Der von den deutschen Studenten der damaligen Zeit hoch verehrte liberale Ernst Moritz Arndt schrieb ein Vorwort.

Das Kommersbuch erschien 1858 zum dreihundertjährigen Stiftungsfest der Universität Jena und hatte einen durchschlagenden Erfolg. Im Vorwort heißt es: „Auch für die Singweisen, die in früheren Liederbüchern unverzeihlich und fast durchgängig arg vernachlässigt waren, ist jede Sorge getragen, sie rein und sanggerecht herzustellen. Zwei deutsche Männer Friedr. Erk und Friedr. Silcher haben sich des Reinigungswerkes der Weisen angenommen, und wie sie es gethan haben, mag männiglich selbst nun erkennen." An E. M. Arndt gerichtet heißt es weiter: „Ihr prächtiges, kräftiges ‚Eisenlied', das Sie uns nach beifälliger Anhörung dieser Widmungsworte zur Aufnahme übergaben, und das Fr. Silcher in Musik gesetzt hat, möge als das erste Lied unser Buch zieren."

Das Kommersbuch erschien zuerst in vierstimmigem Männerchorsatz. Erst in den späteren Ausgaben wurde es einstimmig herausgegeben, in ca. hundert Auflagen. Für Silcher bedeutete es eine besondere Ehre, das Eröffnungslied dieser ersten Auflage für E. M. Arndt zu komponieren. Das Lied wurde zur damaligen Zeit sehr viel in Männerchor- und eben in Studentenkreisen gesungen: Ein Loblied auf das Eisen und seine Kraft und Stärke. Silcher hat insgesamt 33 eigene Lieder zu dem Kommersbuch beigetragen, außerdem besorgte er die Redaktionsarbeit und die Auswahl der Lieder.

Nicht nur die „Loreley"

Hans Georg Nägeli (1773–1836), Schweizer Musikpädagoge und Komponist

Die Lieder des Volkes

Johann Wolfgang von Goethe bezeichnete 1821 in der „Pädagogischen Provinz" seines „Wilhelm Meister" das Volkslied „als das im täglichen Leben wirksame Bildungsmittel". Auch Friedrich Silcher sah in seinem pädagogischen Bestreben im Volkslied das edelste Mittel einer Volkserziehung. Aber nicht nur das. Er wollte dem Volk mit dem in- und ausländischen Volkslied ein wertvolles, allen verständliches Musiziergut zur Verfügung stellen.

Indem er für die zu dieser Zeit aufkommenden weltlichen Chöre und für die sich immer mehr ausbreitenden Hausmusikkreise sowohl mehrstimmige Volksliedsätze als auch Volksliedsätze für ein oder zwei Singstimmen (mit Begleitung der damals in der Hausmusik beliebten „Pianoforte und Guitarre") in seinen Volksliedsammlungen herausgab, schuf er zugleich die Voraussetzungen für das Überleben des Volksliedes, das in dem sozialen und industriellen Umbruch zu Anfang des 19. Jahrhunderts verlorenzugehen drohte. Und dies machte ihn zu einem der bedeutendsten Volksliedsammler und Volksliedschöpfer des 19. Jahrhunderts.

Erwachsenenbildung durch Chorerziehung und Volksbildung durch Volksliedsingen waren die gemeinsamen Ziele Friedrich Silchers und H. G. Nägelis, mit dem ihn eine tiefe menschliche und fachliche Freundschaft verband.

Fremde und eigene Melodien

Versuchen wir, dem Anfang und dem Weg von Silchers Volksliedwerk in seiner eigenen Darstellung in Briefen und in den Vorworten zu seinen Publikationen nachzugehen, so finden wir zu Beginn einen Brief Silchers an den Stuttgarter Verleger J. B. Metzler vom 18. August 1825, mit dem er bereits durch seine Veröffentlichung geistlicher Musiken in Verbindung stand. Dort heißt es:

„Ich habe seit geraumer Zeit angefangen, die besten, alten Volkslieder mit ihren Melodien, theils aus dem Wunderhorn, Herder u. anderen Sammlungen, theils aus dem Munde des Volks selbst, u. zwar nicht ohne große Mühe, zu sammeln, um auch dieses Bedürfnis, das sich überall laut ausspricht, so zu befriedigen, wie es bis jetzt noch nicht geschehen ist, nämlich die Melodien dem Volke wieder veredelt, 4 stimmig u. zwar eben so einfach in ihren Mittelstimmen zu geben. Daß ich mich hinsichtlich der Wirkung derselben nicht getäuscht habe, beweist der Enthusiasmus, mit welchem diese Lieder, so oft ich sie bis jetzt habe singen lassen, von den Gebildetsten sowohl als von den unteren Volksklassen, aufgenommen worden sind.

Da ich täglich bestürmt werde, diese Lieder herauszugeben, so frage ich Ew. Wohlgeboren, ob Sie etwa Lust hätten, vor der Hand ein Heft von ungefähr 12 Liedern mit 4 stimmigen Melodien für Männerstimmen gesetzt, in Verlag zu nehmen ...‟

Metzler ging auf diesen Vorschlag nicht ein. Dafür übernahm die Lauppsche Buchhandlung in Tübingen die Herausgabe aller 12 Hefte der „XII Volkslieder/gesammelt/und für/vier Männerstimmen gesetzt/von/Fr. Silcher/Tübingen/Verlag der H. Lauppschen

XII

Volkslieder,

für

vier Männerstimmen gesezt

und der

Stuttgarter Liedertafel

hochachtungsvoll gewidmet

von

FR. SILCHER.

I. Heft.
Zweite Auflage.

Eingetragen in das Vereins- Archiv.

TÜBINGEN

bei Heinrich Laupp.

*Titelblatt der Hefte „XII Volkslieder für vier Männer-
stimmen"*

Buchhandlung". Von 1826 bis 1860 veröffentliche Silcher in diesen Heften einhundertvierundvierzig deutsche und ausländische Volkslieder in der Bearbeitung
für vier Männerstimmen, von denen bis heute noch
eine große Zahl zum festen Bestand des Volkslied-
repertoires der Männerchöre in Deutschland und im
Ausland gehört. Erst im fünften Heft seiner Sammlung
offenbarte er, daß eine Reihe von Melodien von ihm
waren. So schrieb er: „Manche Texte, die mich besonders ansprachen, deren Melodien ich jedoch nicht auf-

finden konnte, versuchte ich selbst zu komponieren. Wohl fühlend, was ich wagte, verschwieg ich meinen Namen und überließ diese Melodien nicht ohne Sorgen ihrem Schicksal. Indes fanden sie zu meiner Freude in kurzer Zeit überall in Deutschland Eingang und selbst außerhalb des Vaterlandes freundliche Aufnahme."

Als Silcher dies 1849 schrieb, waren es bereits 29 Lieder, die er selbst komponiert hatte und die als Volkslieder überall „freundliche Aufnahme" fanden.

Nachdem das vierte Heft dieser Sammlung 1834 erschienen war, gab er 1835 bereits das erste Heft seiner „XII/Deutschen Volkslieder mit Melodien/für/eine oder zwei Singstimmen/mit Begleitung des Pianoforte oder der Guitarre/gesetzt/von/Fr. Silcher bei dem Verlag L. F. Fues in Tübingen" heraus. In dessen Vorwort schreibt Silcher: „Als diese Lieder vor einigen Jahren von mir gesammelt und für 4 Männerstimmen gesetzt erschienen, wurden sie bald in ganz Schwaben, am Rhein und überhaupt in vielen nahen und entfernten Orten Deutschlands von Jung und Alt mit Liebe aufgenommen. Überall, wo diese anspruchslosen, holden Laute der Natur erklangen, drangen sie zum Herzen, aus dem sie hervorgegangen sind. Inzwischen ist der Wunsch, diese Lieder auch für eine oder zwei Stimmen mit Begleitung des Klaviers und der Guitarre zu besitzen, oft und laut ausgesprochen worden. Durch gegenwärtige Ausgabe, worin jedoch hinsichtlich der Nummern eine andere Ordnung als in der 4 stimmigen beobachtet wurde, ist dieser Wunsch erfüllt..."

Mit dieser Ausgabe in acht Heften kam er vor allem den Hausmusikliebhabern entgegen. Auch in diesen Kreisen war der Boden für die große Verbreitung der Volkslieder durch Silcher geschaffen.

Noch im gleichen Jahre, als das erste Heft dieser „XII

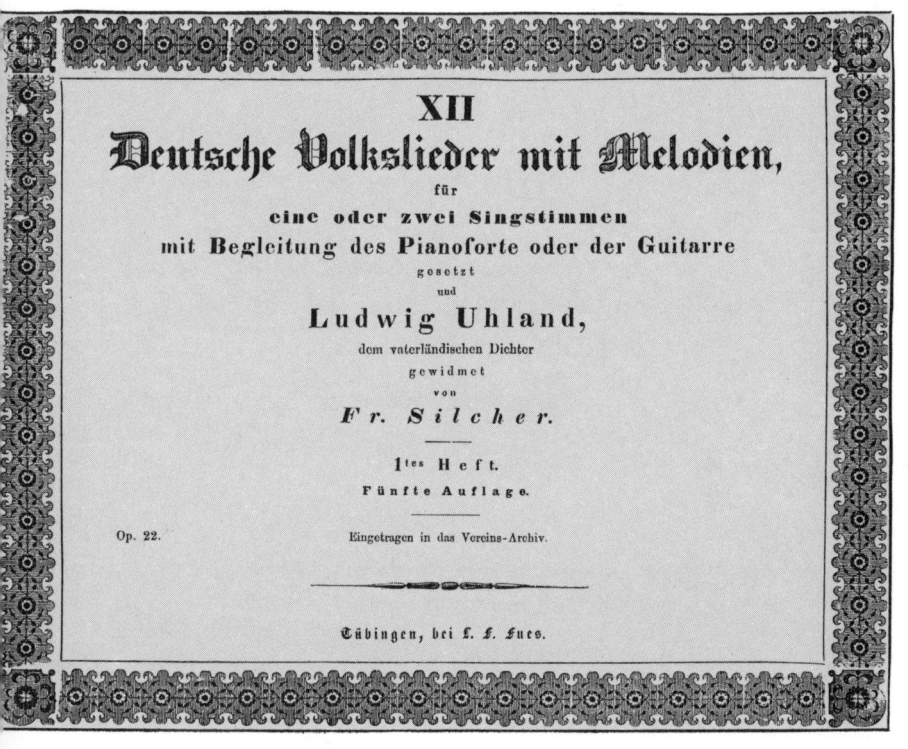

Titelblatt der Hefte „Deutsche Volkslieder"

Deutschen Volkslieder" als op. 22 erschien, veröffentlichte er bereits auch das erste Heft seiner „Ausländischen Volksmelodien mit deutschem, zum Theil aus dem Englischen etc. übertragenem Text/gesammelt/ und/für eine oder zwei Singstimmen/mit Begleitung des Pianoforte und der Guitarre/gesetzt/von/Fr. Silcher op. 23".

Im Vorwort dazu heißt es: „Die gute Aufnahme, welche meinen bis jetzt erschienenen deutschen Volksliedern fortwährend zu Theil wird, ermutigt mich nicht nur zur Fortsetzung derselben, sondern

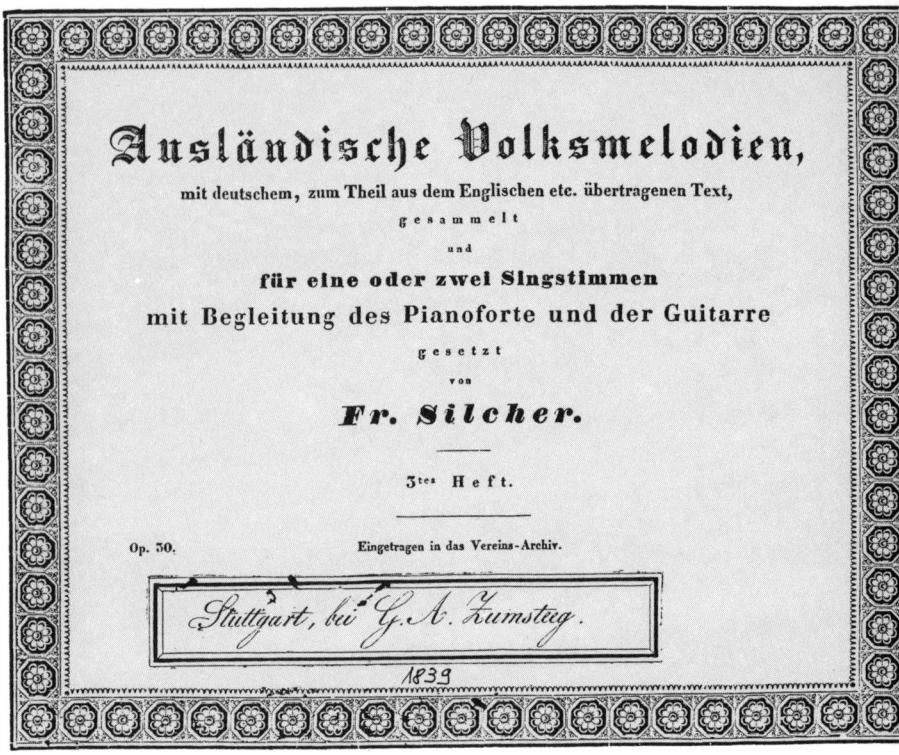

„Ausländische Volkslieder" (1839)

läßt mich auch bei der gegenwärtigen regen Theilnahme an Volksgesängen überhaupt hoffen, durch die vorliegende Sammlung von auserlesenen ausländischen, dem größten Theil des deutschen Publikums unbekannten, charakteristischen Volksmelodien mit deutschem Text und in derselben Bearbeitung, allen Freunden des Gesangs eine willkommene Gabe darzubieten…" Und weiter: „Die Übersetzungen, sowie einige aus besonderen Gründen neu unterlegte Texte dürften in jeder Beziehung zu den Melodien passend gefunden werden." Welche „besonderen Gründe" Sil-

„Stimmen der Völker" (1855)

cher bewogen haben, einigen dieser ausländischen Volksmelodien neue Texte zu unterlegen, hat er auch später nicht mitgeteilt.

Eine vierte Phase seiner Volksliedpublikationen bilden die beiden Hefte „Stimmen der Völker", nach Herders Volksliedsammlung so genannt, 1846, und 1855: „Stimmen der Völker/in Liedern und Weisen/eine Sammlung deutscher und ausländischer Volkslieder/ für eine oder zwei Singstimmen...", mit je 12 Volksliedern. Neben 6 deutschen Volksliedern nahm er in diesen beiden Heften je ein irisches, dänisches, schwedi-

125

sches, italienisches, französisches und russisches Volkslied auf.

Noch während er diese vier verschiedenen Sammlungen mit deutschen und ausländischen Volksliedern herausgab, wirkte er als musikalischer Mitarbeiter an der von seinem Freund Adelbert Keller und Eduard von Seckendorff edierten Volksliedsammlung mit: „Volkslieder/aus der/Bretagne/ins Deutsche übertragen/von/A. Keller und E. V. Seckendorff/mit XVI Originalmelodien/Tübingen bei L. F. Fues/1841". Wie A. Keller im Vorwort schreibt, „war Fr. Silcher gefällig genug, einige der schönsten Originalmelodien auszuwählen und eine Clavierbegleitung beizugeben."

BEARBEITUNGEN UND ZULIEFERER

Insgesamt umfaßt Silchers Volksliedwerk über 320 deutsche und ausländische Volkslieder mit Melodien in Bearbeitungen für vier Männerstimmen, für gemischten Chor, und für ein bis zwei Stimmen mit Begleitung des Pianoforte oder der Gitarre. Für gemischten Chor hat er die gleichen Volkslieder bearbeitet wie für vier Männerstimmen. Silcher gab davon zwei Hefte mit je 6 Volksliedern selbst noch heraus. Ein drittes Heft erschien im Auftrage der Lauppschen Buchhandlung, in Sätzen von Wilhelm Speidel, d. h. nach den Sätzen von Silcher für Männerstimmen hier für gemischten Chor umgearbeitet. Hierfür hatte Silcher bereits im ersten Heft seiner „XII Volkslieder für vier Männerstimmen" Anweisungen gegeben, wie er dort im Vorwort 1826 anmerkt: „Diese für 4 Männerstimmen gesetzten Lieder können durch Versetzung ihrer Tonarten auch wohl von Discant-, Alt-, Tenor- und Baß-Stimmen gesungen werden. Man denke sich nämlich die beiden Ober- oder Tenor-Stimmen, welche ihrer Natur nach um eine Octave tiefer klingen, als sie geschrieben sind, in ihrer wahren Lage, und rücke nun etwa bis 5 und 6 Töne mit allen 4 Stimmen wieder hinauf, so daß, was in B gesetzt ist, nun in F oder G zu stehen kommt, alsdann wären die beiden Oberstimmen durch Discant- und Alt- und der bisherige erste Baß durch Tenor-Stimmen zu besetzen. Die Grundstimme oder der eigentliche Baß wird durch diese Versetzung hie und da zu hoch zu stehen kommen, welcher daher bei solchen Stellen um 8 Töne tiefer gesungen werden muß." Dazu gibt Silcher drei Beispiele: „In einem kühlen Grunde", „Jetzt gang i ans Brünnele" und „Es stehen drei Sterne am Himmel", jeweils die ersten zwei Takte.

In einem Brief an A. Keller, mit dem er die oben erwähnte bretonische Volksliedsammlung herausgeben hatte, schreibt er über seine Volkslieder u. a.: „Die sittliche Seite dieser Sammlung: da diese Lieder von Jung und Alt gesungen werden sollen, so wurde auch alles Unanständige vermieden. Zugleich sollten durch diese Lieder die sog. Zotenlieder verdrängt werden, was auch in vielen Orten gelungen ist.

Manche Sammler tun sich viel darauf zu gut, daß sie die aus dem Volke hervorgegangenen Lieder streng von den Schöpfungen deutscher Dichter scheiden wollen, bedenken aber nicht, daß man vielleicht in 100 Jahren da und dort z. B. Uhlands ‚Guten Kameraden' als aus dem Volke hervorgegangen ansehen wird."

Wie recht hier Silcher gehabt hat, bezeugt, daß heute dieses Lied fast in der ganzen Welt bei Staatsbegräbnissen gespielt wird und als repräsentativer Grabgesang gilt.

Silcher fährt fort: „In dieser Sammlung findet man namentlich auch süddeutsche Melodien richtig aufgezeichnet, was in anderen Sammlungen in Beziehung auf Melodie und Rhythmus nicht immer der Fall ist, z. B. bei dem schwäbischen ‚Brünnele', dessen 5 taktige Rhythmen von anderen Herausgebern leider immer noch in 4 taktige verwandelt werden, wodurch die schöne, ächte volkstümliche Weise ihrer edelsten Zierde beraubt wird, denn der ganze Ausdruck geht somit verloren."

Von einheimischen Volksliedschöpfern schreibt Silcher weiter im gleichen Brief: „Immer findet man in Schwaben, namentlich in Württemberg noch poetische Naturen, von denen entweder ganz neue Lieder oder ältere, wo es nötig ist, ergänzt werden. So z. B. hatte das beliebte schwäb. Liedchen ‚Muß i denn zum Städtele naus' nur einen Vers, wozu vor 35 Jahren Wergan (Pseudonym für Wagner, ein Schüler Silchers) in Stuttgart die 2 weiteren sehr gelungenen Verse beifügte. Pfr. Schönhuth (auch ein Schüler Silchers) dichtete während seiner Studienjahre in Tübingen Vers 2 u. 3 zu dem Liede ‚Liebchen ade!' hinzu, Hermann Kurz (wieder ein Schüler Silchers) Vers 2 zu dem Liede ‚Mein Herzlein tut mir gar so weh', Missionar Weigele dichtete als Seminarist zu Tüb. (Schüler von Silcher) das Lied ‚Drunten im Unterland', Pfr. Richter als Seminarist (Schüler Silchers) die Lieder ‚Drauß ist alles so prächtig' u. ‚Die Schwälble ziehet fort', ‚Am Neckar', Pfr. Glück komponierte als Seminarist zu Tübingen die schöne Melodie zu ‚In einem kühlen Grunde'."

Die beiden Schüler Silchers Schönhuth und Hausmann dichteten und komponierten das Lied „Bei nächtlicher Weil an des Waldes Born", das Silcher in seine Sammlungen aufnahm, dann bei Kretzschmar in seinen „Volksliedern" 1840, I, 75 erschien, woraus wiederum J. Brahms dieses Lied als „altes" Volkslied in eine Volksliedsammlung für gemischten Chor aufnahm. Diese Reihe der „zuliefernden" Studenten Silchers ließe sich noch weiter fortsetzen.

Einfache und gemütvolle Laute

Silcher wollte mit seinen Volksliedsammlungen die einfachsten Kreise ansprechen, d. h. daß er auch den Schwierigkeitsgrad seiner Bearbeitungen möglichst niedrig hielt. So schreibt er schon im ersten Heft seiner „XII Volkslieder für vier Männerstimmen": „Da mehrere dieser Melodien bis jetzt zweistimmig gesungen wurden, so ist bei der vierstimmigen Bearbeitung derselben nicht nur der natürliche Gesang der zweiten Stimme, so oft es möglich war, beibehalten, sondern überhaupt der eigenthümlichen Einfachheit dieser Volksgesänge wegen auch der erste und zweite Baß ebenfalls in den einfachen Tonverhältnissen beigefügt worden."

Über das Singen seiner Volkslieder bemerkt er in einem Brief an Hans Georg Nägeli: „Was meine Volkslieder betrifft, so habe ich auf der Universität die Erfahrung gemacht, daß der Student, wenn er ermüdet von seinen Collegien des Abends hinter einem Glas Bier oder Wein sitzt, nicht gestimmt ist, ernste Lieder (letztere sind ihm nur bei feierlichen Gelegenheiten willkommen) zu singen. Da hört man denn häufig die einfachen, gemütlichen Naturlaute der Volkslieder anstimmen. Sie singen aber diese Lieder in der Tat nicht aus schmachtender Liebelei, sondern der Leichtigkeit u. ansprechenden eigenthümlichen Einfachheit wegen, welche in Text und Melodie liegen. Zugleich aber zeigt sich gegenwärtig eine besondere Anhänglichkeit an die Volkspoesie, namentlich an die altdeutsche, u. zwar in ganz Deutschland, wozu Herder den ersten Anstoß gab, daher man häufig in den gebildetsten Zirkeln Volkslieder hört. Unter diesen zeichnen sich natürlich die herrlichen zarten Minnelieder aus, welche sich das Volk nicht nehmen läßt u. welche recht wohl neben den ernsteren Gesängen bestehen können. Ich bin der Meinung, daß diese Gattung von Gesang kultiviert werden muß, und namentlich auch fürs Militär u. die Handwerkspurschen. Unsere Musensöhne muntern sich selbst dazu auf u. liefern mir Beiträge, die sie theils in Bibliotheken theils unter dem Volk finden. Diese Lieder sollen unter dem Volk die schlechten Zotenlieder verdrängen."

Dieses Thema hat ihn immer wieder beschäftigt. Lesen wir deshalb die folgenden Ausführungen aus einem anderen Brief Silchers: „Volkslieder – die kräftigen mit Chor, die zarten Minnelieder mit Quartett – das ist es, was wir hier in Tübingen singen, und seit 16–20 Jahren hat sich die Theilnahme des Publikums nur vermehrt. Je gedrechselter und gewandter die gewöhnlich viele Jahre ansässigen Stimmen der Liedertafeln in größeren Städten sind, desto weniger Gefühl spricht aus denselben. Kein Wunder, daß ihnen das Volkslied zu einfach ist. Aber sie verdienen es nicht, und es ist gut, wenn sie es ruhen lassen. Ja sie verdienen es nicht, wenn man es ihnen auch in eleganter Form vorführt, weil sie sie entweder theatralisch oder doch nicht mit natürlichem Gefühl vortragen. Da höre man besser 4 frische Studentenstimmen mit Ausdruck und guter Deklamation und urteile, was besser lautet.

Ihre Ansichten über das Volkslied in Beziehung zu

den jetzigen Männergesangvereinen sind allerdings, wie man sagt, nicht aus der Luft gegriffen. Aber traurig genug, daß es soweit gekommen ist! Doch habe ich die Hoffnung, daß man sich wieder einmal zu den einfach schönen Volksliedern flüchten wird, wenn die Wut zu den tollen Männerchorkompositionen, dergl. man jetzt in so vielen Liedertafeln hört, wird nachgelassen haben."

URHEBERSCHAFT

Zu der Originalität seiner eigenen Lieder schreibt Silcher in einem Brief vom 15. 1. 1859 an Hoffmann von Fallersleben: „Nebenbei möchte ich bemerken, daß hier und da schon gefragt wurde, ob ich nicht bei meinen eigenen Volksmelodien vorhandene Melodien zu Grunde gelegt habe? Hiebei kann ich Sie versichern, daß bei keiner einzigen Nummer, welche ich mit meinem Namen bezeichnet habe, irgendeine andere Melodie zu Grunde gelegt wurde."

Ein Beispiel für die Gewissenhaftigkeit der Angaben Silchers in diesen Zusammenhängen ist das Lied: „Ich hatt' einen Kameraden". In der Vorrede zum 9. Heft seiner „XII Volkslieder für vier Männerstimmen" 1849 schreibt er: „In dem Liederbuch für deutsche Studenten (Halle 1848) sind auch 2 Volksmelodien mit meinem Namen bezeichnet, die ich nicht komponiert habe, auch nicht komponiert haben möchte und zwar zu den Liedern ,Ich hatt' einen Kameraden' und ,Bin ein und ausgegangen'" Im Vorwort zum 1. Heft seiner „XII Deutschen Volkslieder für 1–2 Singstimmen" op. 22 (1835) hatte er bereits gesagt: „Diese Melodie zum

‚Guten Kameraden', schon einige Male mit Unrecht dem Herausgeber zugeschrieben, stammt aus dem Munde des Volks." Ergänzend schreibt Silcher auf einer handschriftlichen Aufstellung „Alte Melodien", die er an Uhland gesandt hat (aus dem Uhland-Nachlaß), „‚Ich hatt' einen Kameraden' (aus der Schweiz, in 4/4 Takt verändert v. Silcher)". Es handelt sich hier um das Volkslied „Ein schwarzbraunes Mädchen hat ein'n Feldjäger lieb", das Silcher bei seinen vielen Besuchen in der Schweiz sicherlich dort aufgenommen hat. (Uhland hatte das Lied vom „Guten Kameraden" bereits 1809 anläßlich des Tiroler Freiheitskampfes unter Andreas Hofer geschrieben, es sollte in einem Karlsruher Fliegenden Blatt „Vier schöne neue Kriegslieder zum besten der Invaliden des Feldzuges" erscheinen, traf aber zu spät ein. Als J. Kerner das Gedicht 1812 in seinen „Deutschen Dichterwald" aufnahm, mußten 15 000 Württemberger beim Rußlandfeldzug Napoleons mitmarschieren, nachdem sie von König Friedrich I. von Württemberg an Napoleon verkauft worden waren. Silcher hatte Glück, daß er im Schuldienst in Ludwigsburg war, sonst wäre er auch mit 23 Jahren eingezogen worden.)

Textänderungen gab Silcher auch genau an, so z. B. bei den Liedern „Es zogen drei Burschen", „Es war ein Markgraf" und „Ännchen von Tharau", bei denen er jeweils zwei Strophen zusammenzog bzw. auch einige Takte hinzukomponierte.

Lieder, die um die Welt gingen

Zu der weiten Verbreitung der von ihm bearbeiteten und von ihm selbst komponierten Lieder schrieb Silcher selbst immer wieder: „Die Volkslieder mit ihren Melodien wurden von den Gebildetsten und den unteren Volksklassen, von Jung und Alt in den entferntesten Orten Deutschlands und außerhalb unseres Vaterlandes, selbst in Amerika mit Liebe aufgenommen."

Das bestätigt auch der Brief Julius Abeles, eines Schülers von Silcher, der als Vikar 1856 in Ostpreußen war: „... im vorigen Sommer war in Elbing ein Sängerfest, bei dem den 1. Preis davongetragen hat: – – – ‚Jetz gang i ans Brünnele‘. Überhaupt machen die schwäbischen Volkslieder in Norddeutschland sehr furore: ‚Die Loreley‘ ist überall bekannt u. wird besonders viel in Gesellschaften gesungen; auch hier in Rodangen ist sie sehr beliebt, u. ich muß sie oft mit Comtesse Marie zweistimmig singen, ebenso ‚In einem kühlen Grunde‘, ‚Ännchen von Tharau‘, ‚Das Klosterfräulein‘ und andere. Indessen sind die meisten schwäbischen Volkslieder, besonders die von Ihnen selbst componierten, oft auf eine so schmähliche Weise verändert u. verketzert, daß ich sie kaum wieder erkennen kann, u. ich habe mirs nun zur Aufgabe gemacht, überall, wo ich solchen Verstümmelungen begegne, unbarmherzig dreinzufahren u. zu säubern, u. merkwürdigerweise finde ich auch überall sehr willig Glauben, freilich nur auf Ihre Autorität hin, denn man kennt mich in der ganzen Gegend schon als Ihren Schüler u. Verteidiger."

Auch der „Kölner-Männer-Gesang-Verein" hat wesentlich zur Verbreitung von Silchers Volksliedern beigetragen. So hat z. B. das Lied „Jetzt gang i ans Brünnele", das Abele als in Elbing beliebtes Lied erwähnte und das der KMGV auf seiner Konzertreise nach London 1854 auch sang, eine eigene Geschichte: Die damalige Königin Victoria, von der Felix Mendelssohn Bartholdy nach seinem Besuch im Buckingham-Palast erzählt, „sie sang ganz allerliebst und rein, streng im Takt und recht nett im Vortrag", wurde von ihrem Prinzgemahl Albert von Sachsen-Coburg, der auch selbst komponierte, gut auf dem Klavier begleitet. Sie wählte unter 22 Liedern, die ihr zur Wahl vorgeschlagen wurden, drei Lieder von Silcher aus: „In einem kühlen Grunde", „O Herzensschöns-Schätzerl" und „Die drei Röselein". In einem Dankesschreiben Silchers an den KMGV schrieb er über dieses Lied: „„Das schwäbische Brünnele' setzte ich vor 34 Jahren vierstimmig für ein hiesiges Familien-Musikkränzchen und nahm es später in mein Volksliederheft auf, ließ es aber inzwischen nie mehr singen, weil ich glaubte, es würde nicht gerade besonders interessieren, da es in Württemberg unter dem Volke sehr bekannt ist. Und jetzt muß es von England aus durch Ihren Verein ins Leben gerufen werden, wo es bereits so weit gekommen ist, daß man es nicht genug hören kann."

Das Lied behielt bis heute seine große Beliebtheit und ging um die ganze Welt. 1945, nach dem Kriege, wurde der Beginn dieser Melodie zum Pausenzeichen des Süddeutschen Rundfunks Stuttgart.

Das von der Königin Victoria auch ausgewählte Lied „In einem kühlen Grunde" hat eine besonders abenteuerliche Geschichte, die wir einem Bericht des schwäbischen Dichters und Arztes Justinus Kerner, eines Freundes Silchers, aus der „Allgemeinen Zeitung" vom 17. Dezember 1857 entnehmen:

„Es war im Jahr 1812, wo ich von meinen Freunden

Beiträge zu dem deutschen Dichterwald einsammelte, dessen Theilnehmer auch L. Uhland, Schwab, K. Mayer, Fouqué, Varnhagen von Ense, Thorbecke und andere waren. Man erinnere sich dabei des Gedichts mit dem L. Uhland jenen Dichterwald einführt: Singe, wem Gesang gegeben in dem deutschen Dichterwald usw.

Da sandte mir Frhr. v. Eichendorf (sic) durch unsern gemeinschaftlichen Freund den Grafen Otto Heinrich v. Löben jenes Lied von sich als Beitrag für unsere besagte Sammlung mit der Unterschrift Florens zu.

Mein Wohnort war damals ein freigelegenes Haus in dem württembergischen Waldort Welzheim. Als ich nach Empfang des Briefs vom Grafen v. Löben jenes schöne Lied mit Vergnügen gelesen hatte, legte ich es auf meinen Schreibtisch nahe an ein offenstehendes Fenster, aber plötzlich wehte es ein vorüberfahrender Windstoß vom Tisch durchs Fenster hoch in die Luft über Häuser und Bäume dahin. Ich bemühte mich nun dieses wahrhaft zum fliegenden Blatt gewordene Lied viele Stunden lang, selbst in Begleitung eines scharfsehenden Jägers, eines Freundes von mir, in Wäldern und Feldern aufzusuchen, aber vergebens. Der Verlust desselben war mir um so empfindlicher, als das Manuscript der Sammlung schon längst zum Druck abgegangen und, sollte dieser Beitrag noch aufgenommen werden können, eine schnelle Nachsendung desselben nöthig war. Was war nun das fernere Schicksal dieses Gedichts? Am andern Tag kam ein mit Maultrommeln, Armbändern und Fingerringen handelnder Tiroler zu mir, und siehe da, ich erblickte das Blatt um eine dieser seiner kleinen Waaren (sic) gewickelt. Schnell frug ich ihn: ,Wo fandest du denn dieses Papier?', worauf er mir erzählte, daß er es bei Kaisersbach, eine Stunde von Welzheim, auf einem blühenden Flachsfeld gefunden, und diese Fingerringe darein gewickelt habe.

Daß ich ihm, sehr vergnügt das Papier behaltend, ein Dutzend seiner Maultrommeln, meiner Lieblingsinstrumente, abgenommen, ist begreiflich. Noch begreiflicher aber ist, daß dieser Dichterwald, wo jenes besagte schöne Lied mit vielen andern der schönsten von Uhland steht, sehr schnöde von der damaligen litterarischen Welt aufgenommen wurde, welches Schicksal gleichfalls der von mir ein Jahr früher herausgegebene ‚Poetische Almanach' hatte, obgleich auch er mit Recht hochgerühmte Dichtungen von Uhland und andern enthielt. Namentlich stund in ihm zum erstenmal gedruckt das nun zum Volkslied gewordene Gedicht ‚Der gute Camerad' von Uhland."

Die Melodie zu dem Lied „In einem kühlen Grunde", das heute noch zu den in der ganzen Welt bekanntesten deutschen Volksliedern gehört, stammt von Friedrich Glück (1793–1840), mit dem Silcher in Fellbach zusammen Musikunterricht bei Nikolaus Ferdinand Auberlen genossen hatte. Über ihn und dieses Lied schreibt Silcher (1859) an Hoffmann von Fallersleben: „Friedrich Glück, gest. 1841, (den ich persönlich sehr gut kannte) Pfarrer in Schornbach bei Schorndorf, ein trefflicher Melodiker (fast ohne Kenntnis in der Harmonie), komponierte als Seminarist in Tüb. ‚In einem kühlen Grunde' und ‚Herz, mein Herz warum so traurig' (letzteres hat weniger Werth), das erste ist vortrefflich, aber das Beste und Ausdrucksvollste dieser Melodie: ‚In einem kühlen Grunde' stammt vom Volke. Es ist der schmerzliche Aufschwung in die obere Octave (drittletzter Takt). Die Wiederholung der letzten Zeile lautet bei Glück wie das erste Mal.." Glück hatte das Lied in seinem Liederzyklus „Lieder/für eine Singstimme/mit Begleitung des Pianoforte/in Musik

Friedrich Glück (1793–1840), Komponist der Melodie
„In einem kühlen Grunde"

gesetzt/und seinem Freunde dem Herrn/Rittmeister
von Vischer/gewidmet/von/Friedrich Glück" als Nr. 6
zum ersten Male in München ohne Datum veröffentlicht.

Ein ebenfalls in aller Welt bekanntes und als typisch
deutsch angesehenes Volkslied ist das Lied „Am Brun-

nen vor dem Tore", das Silcher, auf Vorschlag seines Schülers Dr. Otto Elben, nach Fr. Schuberts „Lindenbaum" für vier Männerstimmen bearbeitete. Silcher schrieb: „Nach Franz Schubert zu einer Volksmelodie umgearbeitet von F. S."

Wenn auch Joseph Müller-Blattau über die Umgestaltung der Schubertschen Melodie durch Silcher sagt: „Aus den drei variierten Strophen von Schuberts Meisterwerk destillierte Silcher gewissermaßen die Urmelodie heraus", so wurden und werden immer wieder Bedenken wegen einer Idyllisierung des Textinhaltes dieses Liedes erhoben, zumal der „Lindenbaum" im gesamten Zyklus der „Winterreise" von Wilhelm Müller einen dramatischen Höhepunkt der Selbstmordversuchung darstellt, was allerdings von den wenigsten erkannt wird. Da aber andererseits der Lindenbaum, die Dorflinde, seit eh und je als der Mittelpunkt deutschen romantischen Volksliedsingens angesehen wird, vor allem auch im Ausland, wurde und wird dieses Lied in dieser Umgestaltung von Millionen Menschen in der ganzen Welt als das romantische, deutsche Volkslied schlechthin angenommen und gesungen.

„ICH WEISS NICHT, WAS SOLL ES BEDEUTEN . . ."

Das bekannteste, von Silcher selbst vertonte Lied ist die „Loreley" nach einem Gedicht von Heinrich Heine. Über die Entstehung dieses Liedes gibt es aus Silchers

„Am Brunnen vor dem Tore"; nach einer Melodie Schuberts, „zu einer Volksmelodie umgebildet von F. S."

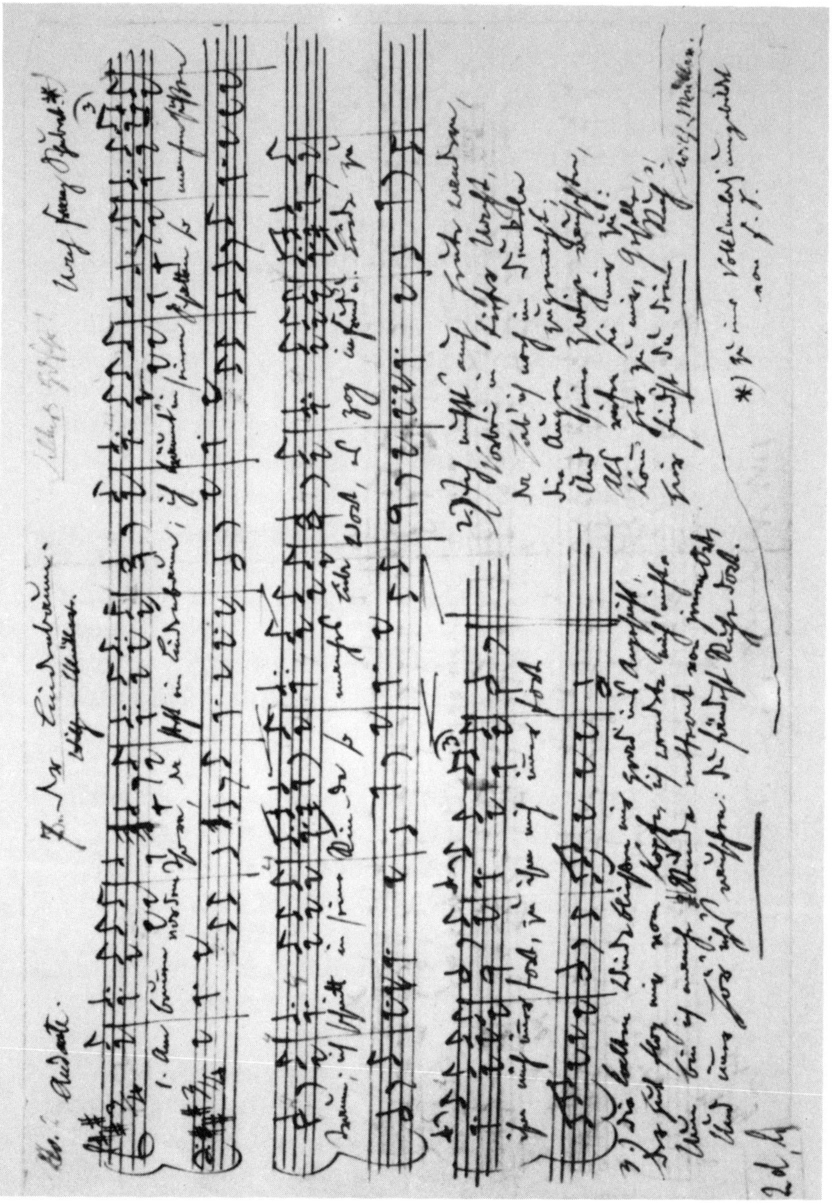

Schülerkreis zwei unterschiedliche Darstellungen. Die eine erzählt, daß Silcher, als er im katholischen Wilhelmsstift auf zu spät kommende Studenten habe warten müssen, die Pause dazu benutzt habe, H. Heines Gedichte zu lesen. Dabei habe ihn das Gedicht von der „Loreley" so gefesselt, daß er sofort die Melodie dazu aufgezeichnet habe. Die andere Version berichtet, daß Silcher an einem Nachmittag im Ammertal spazieren gegangen sei, wo er H. Heines Gedichte gelesen habe. Und dort sei ihm die Melodie dazu eingefallen. Da er immer sein Rastral bei sich trug, habe er die Melodie sofort niedergeschrieben. Am Abend habe er gleich den vierstimmigen Satz für vier Männerstimmen mit in die Probe der Liedertafel gebracht. Mit Begeisterung sei das Lied von den Studenten aufgenommen und bis spät in die Nacht immer wieder gesungen worden.

Von Silcher selbst wissen wir über die Entstehung dieses Liedes bisher nichts. Aber die beiden erwähnten Darstellungen sind liebevolle Erinnerungen von begeisterten Studenten Silchers; liebevolle Erinnerungen an eine sagenhafte Entstehung eines sagenumwobenen Liedes.

Silcher hat das Gedicht vermutlich in der Zeitschrift „Der Gesellschafter" von F. W. Gubitz, Berlin 1824, gelesen, noch vor dem Erscheinen des „Buches der Lieder" (1827). Heine schickte den Text am 9. März 1824 zu Gubitz nach Berlin. Nach Ansicht des Heine-Forschers Manfred Windfuhr muß das Gedicht 1823 entweder in Cuxhaven oder Lüneburg entstanden sein. Es wird als ein ausgesprochenes „Erinnerungsgedicht" angesehen.

Da Silcher ständiger Gast im „Museum" in Tübingen war, wo viele Zeitungen und Zeitschriften aus ganz Deutschland auslagen, wird er auch die Zeitschrift

„Der Gesellschafter" gelesen und darin das Gedicht Heines gefunden haben.

Er veröffentlichte das Lied zuerst im 3. Heft seiner „XII Deutschen Volkslieder für 1–2 Singstimmen..." op. 28, Nr. 7, 1838, hier aber in einem mehrstimmigen Satz für drei Stimmen. Ein Jahr später erschien es im 6. Heft seiner „XII Volkslieder für vier Männerstimmen..."

Der dreistimmige Satz – dazu erzählt H. A. Köstlin über einen Besuch Silchers im Hause Köstlin-Lang: „Unvergeßlich bleibt dem Schreiber dieser Zeilen ein Abend, da der freundliche Mann, wie er's gewohnt war, ungemeldet ins Zimmer trat, wo die drei ältesten Knaben der Josefine Lang (der Komponistin) (im Alter von 6–9 Jahren) auf Kinderviolinen die ‚Loreley' nach dem Gehör dreistimmig geigten; sie mußten's ihm wieder und wieder vorgeigen und dem freundlichen Mann sind dabei die hellen Tränen über die Wangen gerollt."

Silchers eigene Äußerung über die „Loreley" entnehmen wir einem Brief vom 15. September 1852 an den „Kölner Männer-Gesang-Verein", über dessen große Erfolge er so oft gelesen hatte:

„Hochverehrliche Direktion des Kölner Männer-Gesang-Vereins!

Schon längst ist es mein Wunsch gewesen, Ihrem in Deutschland so rühmlichst bekannten Verein durch Widmung einer meiner Arbeiten ein kleines Zeichen meiner Verehrung zu geben, und ich habe um so eher das beifolgende sechste Heft meiner vierstimmigen Volkslieder hierzu wählen zu dürfen geglaubt, als dasselbe unter anderem auch die, so viel ich höre, am Rheine gern gesungene, von mir komponierte Melodie zu Heines ‚Loreley' enthält. Möchte meine bescheidene Gabe (welche Sie durch einen ehemaligen Schüler von mir, H. Theol. cand. Kappf, erhalten, der sich's zur Ehre rechnet, Mitglied Ihres Vereins zu sein) eine freundliche nachsichtige Aufnahme finden." Dieses Heft enthielt u. a. auch: „Es geht bei gedämpfter Trommel Klang" und „O Straßburg". Das Lied wurde mit größter Begeisterung vom „Kölner Männer-Gesang-Verein" aufgeführt. 1852 wurde Silcher zum Ehrenmitglied des KMGV ernannt. Erwähnenswert ist noch, daß anläßlich einer Konzertreise des KMGVs nach Paris ein Soloquartett Heinrich Heine in seiner Wohnung besuchte und ihm u. a. auch seine „Loreley" vorsang. Der damals bereits an einer tödlichen Rückenmarkstarre erkrankte und ans Krankenbett gefesselte Heine nahm dieses Ständchen, nur wenige Monate vor seinem Tode im Februar 1856, mit gerührter Dankbarkeit auf.

Das bekannte und auch in diesem Buche abgebildete Autograph des Liedes „Loreley" enthält eine Widmung Silchers, die lautet:

Es fehlt mir etwas, dachte ich, als ich zur rechten Seite
erblikt' den hohen Felsenspitz der süßen Zauberkehle.
Und flugs schrieb ich, damit man weiß, was dieses Bild bedeute,
Auf diese Seit'
Die Melodei
Der Loreley,
die dir so oft enströmt aus voller Seele.
Ihr aufrichtiger Freund
Fr. Silcher
Tübingen d. 26. Mai 1853

Diese Widmung war jenem „H. Theol. cand. Kapff" zugeeignet, der als Schüler und besonders begabter

Tenorsänger bei Silcher in der „Akademischen Liedertafel" mitgesungen hatte und inzwischen nach Köln verzogen war.

Nun darf nicht unerwähnt bleiben, was die Dichterin Ottilie Wildermuth an J. Kerner über die „Loreley" sagte: „Weiß Gott, wie unser nüchterner Herr Silcher zu dem märchenhaften Zauber dieser Musik kommt, die so aus einem Guß mit der Poesie ist."

Schon damals war die „Loreley" weltweit bekannt: Als Silcher 1860 aus seinem Amt ausschied, schrieb ihm ein Schüler, der inzwischen als Hauslehrer zu einer Adelsfamilie nach Schottland gegangen war: „Die Lady des Hauses empfing mich nach der ersten Begrüßung mit den Worten: Kennen Sie die Loreley?" Und die gleiche Frage stellte 1987 eine Engländerin einer deutschen Lehrerin, als diese mit ihrer Mädchenklasse in London bei ihr einquartiert war. Auch diese Dame sagte bei der Begrüßung: „Ich kann etwas Deutsch und liebe besonders deutsche Volkslieder. Kennen Sie die Loreley?" Und als ich 1980 mit meinem Chor in Bombay bei einer indischen Tanzschule eingeladen war und wir dort abwechselnd sangen und tanzten, sangen wir zum Schluß die „Loreley". Obwohl die Stimmung inzwischen sehr lustig geworden war, trat plötzlich eine überraschende Stille ein. Der Leiter der Schule kam auf mich zu, drückte mir die Hand und sagte: „Das Lied ist bei uns das bekannteste und beliebteste deutsche Volkslied. Nach diesem Lied darf man nicht klatschen; danach geht man wie nach einem Gottesdienst nach Hause." Und als 1860, vor mehr als hundert Jahren, im „Schwäbischen Merkur" ein Chronist einen Nekrolog auf Silchers Tod schrieb, teilte er u. a. folgendes mit: „Erst vor Kurzem war der Schreiber dieses Artikels davon Zeuge, wie an einem Kurorte, als eines Tages auf der Promenade das Kurorchester im

＊ この原曲はジルヘル(Friedrich Silcher, 1789–1860)の「ローレライ」。

近藤 朔風(訳)

一
なじかは知らねど心わびて、
昔の伝説はそぞろ身にしむ。
寂しく暮れゆくラインの流、
入日に山々あかく栄ゆる。

二
美し少女の巌頭に立ちて、
黄金の櫛とり髪のみだれを、
梳きつつ口吟ぶ歌の声の、
神怪き魔力に魂もまよう。

三
こぎゆく舟びと歌に憧れ、
岩根も見為らず仰げばやがて、
浪間に沈むるひとも舟も、
くすしき魔歌謡うローレライ。

——『女声唱歌』明42・11

ローレライ
近藤朔風 訳詞
ジルヘル 作曲

Andante

なじかはしーらねどこころーわーび
てーむかしのつたえはそ
ぞーろみにしむーさびしくくーれ
ゆくラインのなーがれーいー
りひにやまやーまあかくはーゆるー

„Loreley" – aus einem japanischen Liederbuch (1976)

Verlauf eines Potpourris plötzlich die ‚Loreley‘ anstimmte, alles sich stille horchend der Musik zuwandte, um keinen Ton zu verlieren. Gern hätte ich gerufen – Hut ab! Den Mann, der diese Melodie gemacht hat, haben wir vor acht Tagen begraben!"

Seit 1884 gehört Silchers „Loreley" zum festen Bestand der japanischen Schulliederbücher und wird von jedem Japaner in der Übersetzung von Sakuhukondo auswendig gesungen.

Haben wir die drei wohl in der ganzen Welt bekanntesten Lieder aus Silchers Volksliedwerk etwas ausführlicher dargestellt, so mögen in einer Auswahl weitere, heute noch viel gesungene Lieder Silchers, eigene und von ihm bearbeitete, genannt werden: Ach du klarblauer Himmel/Alle Jahre wieder/Am Neckar/Ännchen von Tharau/Es geht bei gedämpfter Trommel Klang/Maidle laß dir was verzähle/Mei Mutter mag mi net/Morgen muß ich fort von hier/Nun leb wohl du kleine Gasse/O wie herbe ist das Scheiden/Zu Straßburg auf der Schanz ...

Ein besonders erwähnenswertes Lied ist: „Hab oft im Kreise der Lieben", das er 1839 in seinen „Zwölf leichten Männerchören" nach einem Text von A. v. Chamisso veröffentlichte. Es war der Ausdruck der damaligen Zeit, der Zeit des Vormärz, in der sich die Gebildetenschicht, vom öffentlichen politischen Geschehen ausgeschlossen, in ihren eigenen Kreis zurückzog. In diesem Lied klingen die zu dieser Zeit oft zitierten Verse nach: „O wie lieblich ist's im Kreis/trauter Biederleute/Welt und Mensch gewinnt dabei/eine bessre Seite". Und hier war und ist es vor allem der Textinhalt, der das Lied zum Volkslied machte, ein Volkslied, das als Kuriosum in den letzten Takten in der Melodie chromatische Durchgänge hat, die man sonst in einem Volkslied nicht findet.

Historische Wahrheiten

Schon zu seinen Lebzeiten mußte sich Silcher immer wieder gegen Entstellungen und Vereinnahmungen seines Werkes wehren. Als er sich dabei auch über W. v. Zuccalmaglios Volksliedsammlung „Deutsche Volkslieder mit ihren Originalweisen" (1840) beklagte, erwiderte ihm Zuccalmaglio in einem Aufsatz unter dem Titel „Herr Silcher und das Volkslied" in der „Neuen Zeitschrift für Musik", 1849: „Es ist nicht notwendig, daß der Name des Dichters gerade bekannt ist, daß der Erfinder der Weise nachgewiesen werden kann, aber natürlich ist es, daß dieses Lied einen Dichter, einen Tonsetzer gehabt hat, nur daß dieser selbst nicht für Mühe wert gefunden wurde, seinen Namen zu verewigen, daß den Zeitgenossen mehr am Liede als an dem Namen der Liedmeister lag. (....) Das Volkslied muß, mit den Bauern zu reden, Almende bleiben, und wenn die ganze ‚Zauberflöte' einmal vom Volke gesungen würde, hätte selber Mozart sein Recht daran verloren, gehörten die Weisen eben nur dem Volke an."

Daß man Silchers Lied „Mir ist's zu wohl ergangen, drum ging's auch bald zu End" als seinen Schwanengesang deklarierte, gehört auch zu diesen Entstellungen, denn Silcher hatte dieses Lied bereits 1855 in seinem 11. Heft der „Volkslieder für vier Männerstimmen" veröffentlicht. Bekanntlich veröffentlicht kein Komponist fünf Jahre vor seinem Tode seinen Schwanengesang! Welche Lieder aber waren wirklich seine zuletzt publizierten? Es sind „Ach Gott, wie weh tut scheiden" und „Vom Frühjahr", in dem der Dichter, F. v. Kobell, sagt: „nur eins ist schad, und g'schieht halt net, ich wollt', wenn's Frühjohr käm, brächt's auch e Stückle Jugend mit, de Mensche wie de Beem".

DER PÄDAGOGE

*Johann Heinrich Pestalozzi (1746–1827), Europas
bedeutendster Pädagoge jener Zeit*

Im Geiste Pestalozzis

„Leider haben Liederdichter und Tonsetzer größten-
teils nur Gebildete und Kunstverständige im Auge,
und das arme Volk wird übersehen, für welches doch
am meisten gesorgt und gearbeitet werden sollte.
Denn Gluck bekannte, daß er nach seinen Erfahrun-
gen mehr in den natürlichen Tönen der menschlichen
Empfindung zu komponieren beabsichtige, als den
Liebhabern großer Schwierigkeiten zu schmeicheln."
(Friedrich Silcher im
„Süddeutschen Schulboten", 1840)

Friedrich Silchers gesamtes pädagogisches Wirken
diente der Volksmusikerziehung. In einer „pädagogischen Provinz" als Sohn eines Schulmeisters geboren
und groß geworden, zum Lehrer ausgebildet und hier
zum ersten Mal mit Heinrich Pestalozzis pädagogischen Ideen vertraut geworden, erfuhr er bei seinen
Lehrmeistern im Schulfach (seinem Stiefvater Weegmann, den Schulmeistern Mayerlen und Auberlen
und schließlich in Ludwigsburg bei Bahnmaier und
dem Kollegenkreis) die Möglichkeiten und Schwierigkeiten einer Umsetzung der allgemeinen pädagogischen in eine gezielte musikpädagogische Arbeit. Er
widmete sich dieser Aufgabe im Rahmen seines Lehr-
auftrags am Evangelischen Stift und Katholischen
Konvikt sowie an der Universität Tübingen und als
Hauptverantwortlicher für die gesamte Musikerziehung der jungen Theologen im Lande an den „niederen Seminarien". Auch sein kompositorisches Wirken
im Bereich der Kirchen-, der Schul- und der Chormu-
sik stellte er in den Dienst der Musikerziehung der
breitesten Schichten des Volkes. Der Schweizer Hans

Georg Nägeli, der seinerseits die pädagogischen Vorstellungen Pestalozzis in die musikpädagogische Arbeit umzusetzen verstand, war für Silcher ein großes Vorbild.

Pädagogische Ziele verfolgten selbstverständlich seine Theoretika wie die „Kurzgefaßte/Gesanglehre/für/Volksschulen und Singchöre ... in möglichster Kürze und doch mit möglichster Vollständigkeit pädagogisch durchgeführt" (1845), seine „Harmonie-/und/Compositionslehre/kurz und populär dargestellt ... als ein gemeinverständlich zusammengefaßtes Ergebnis sorgfältiger Studien und vieljähriger Erfahrung" (1851/59) sowie seine „Geschichte/des/evangelischen Kirchengesanges/nach den Hauptmelodien ..." (1862 posthum herausgegeben), die Zusammenfassung der Ergebnisse jahrzehntelanger Vorlesungen und Übungen an den Seminaren und an der Universität. Aber darüber hinaus war letztendlich sein gesamtes kompositorisches Werk, vor allem natürlich seine Volksliedsammlungen für Chor- und Sologesang, für Kirche, Schule und Haus, für Kirchen- und weltliche Chöre bestimmt, als vokales und instrumentales Musiziergut, das die einfachsten Menschen anspricht und sie geistig und musikalisch bereichert.

Mit dem Aufbau seiner sechs Hefte „Zwölf Kinderlieder/für Schule und Haus" und der vier Hefte „Gesänge der Jugend/für die ersten Schüler in Gesang und Klavier" bzw. „für vorgerücktere Schüler" (ab 1841) zielt er systematisch auf eine Steigerung im Schwierigkeitsgrad des Melodieaufbaus, des Rhythmus und in chromatischen Fortschreitungen, von der Einstimmigkeit bis zur Mehrstimmigkeit; in seinen „XII Canon's für 3 Discant- oder 3 Männerstimmen" (1825) versucht er auf einfachste Weise, Kinder und Erwachsene in das polyphone Singen einzuführen. (Bemerkenswert ist, daß Silcher zu dieser Zeit bereits mit seinen Studenten Kanons sang!)

Aus diesen didaktisch, musikpädagogisch konzipierten Modellen gingen Kinderlieder hervor, die wiederum zu Volksliedern wurden.

Als 1850 der englische Schulmann Francis L. Sooper ein Liederbuch für die Schulen seines Landes schaffen wollte, griff er auf Silchers Kinder- und Jugendlieder zurück und gab „Sixty Melodies for youth/for two, three, and four voices, composed by Silcher" bei Novello in London heraus. Diese Liedersammlung erschien in acht Auflagen mit insgesamt 20 000 Exemplaren. In demselben Verlag veröffentlichte er auch Silchers „Kurzgefaßte Gesanglehre für Volksschulen" (succinct instructions for the guidance of singing schools and choral societies) in der Übersetzung von J. A. Novello. Silcher erfuhr nur durch Zufall von dieser englischen Ausgabe seiner Kinderlieder und erhielt nicht einmal ein Freiexemplar, wie er in einem Brief an den „Kölner Männer-Gesang-Verein" am 15.1.1854 schreibt: „...und doch sagt der engl. Herausgeber in englischen Blättern und im ‚Athenäum', daß er in seinem Vaterlande vergeblich nach einem ähnlichen Werke gesucht habe usw. und daß es eine außergewöhnlich warme Bewillkommnung verdiene..."

Auch sein umfangreiches Volksliederwerk weist, wie schon angedeutet, pädagogischen Charakter auf. Mit der Auswahl der deutschen und ausländischen Volkslieder und den unterschiedlichen Bearbeitungen sowohl für Chor als auch für 1 bis 2 Singstimmen mit Begleitung des Klaviers oder der Gitarre (letztere für die Hausmusikkreise) verfolgt er das musikpädagogische Ziel, die breitesten Kreise sangesfroher Menschen mit guten, oft unbekannten Volksliedern bekannt zu machen. Und außerdem gelang es ihm, zu

With F. L. Soper's kindest regards.

(EIGHTH EDITION.)

SIXTY

MELODIES FOR YOUTH,

FOR TWO, THREE, AND FOUR VOICES

COMPOSED BY

SILCHER,

ADAPTED TO ENGLISH WORDS, FOR THE USE OF
SCHOOLS AND SINGING CLASSES,

BY

FRANCIS L. SOPER.

LONDON:
J. ALFRED NOVELLO, 69, DEAN STREET, SOHO, AND 35, POULTRY;
(ALSO IN NEW YORK.)
SIMPKIN, MARSHALL, & CO., STATIONERS'-HALL-COURT.

„Sechzig Melodien für die Jugend" (1852)

manchen Volksliedtexten, „die mich besonders ansprachen", wie Silcher schrieb, „deren Melodien ich jedoch nicht auffinden konnte, selbst (Melodien) zu komponieren. Wohl fühlend, was ich wagte ... Indes fanden sie zu meiner Freude in kurzer Zeit überall in Deutschland Eingang." Und diese Lieder gehören bis heute mit zu dem unsterblichen deutschen Volksliedgut in aller Welt.

KONZERTSTREIFEREIEN

Wenn manche mit überheblichem Lächeln Silchers Bearbeitungen von Themen aus L. v. Beethovens Klaviersonaten und Sinfonien herabzusetzen versuchen, so fehlt ihnen die historische Kenntnis des musikpädagogischen und musiksoziologischen Umfeldes dieser Zeit, die auch den einfachen Menschen Zugang zu Kompositionen großer Meister durch Bearbeitungen z. B. von Opern, Oratorien und Sinfonien etc. für Klavier zu vier Händen und durch Textunterlegungen zu Melodien aus solchen Werken zu verschaffen suchte.

Im Rahmen der kulturpolitischen Emanzipation des Bürgertums im 19. Jahrhundert und der damit sich verbreitenden Hausmusik entwickelte sich sogar eine eigene Kompositionsart „für den musikalischen Hausfreund", bei der diese Art der Arrangements eine große Rolle spielte, wozu auch der durch Joh. Adam Hiller entwickelte Klavierauszug gehörte. So berichtet Eduard Mörike in einem Brief an Wilhelm Hartlaub (1804–1885), daß ihm sein Freund Kauffmann das erste Finale aus Mozarts „Don Giovanni" vorgespielt habe, wobei David Friedrich Strauß, der durch seine Schrift

„Das Leben Jesu" zu seiner Zeit verpönte Theologe, mitsang: „Solche zufälligen Konzertstreifereien, wobei der Spieler unversehens wärmer, der Vortrag bald ganz ernsthaft und die Aufmerksamkeit der Gesellschaft ungeteilt wird, ist ganz vorzüglich."

Mörike spricht hier von „Konzertstreifereien". Das bedeutet, daß man in jenen Hausmusikkreisen durch eigenes Musizieren diese Werke kennenlernen wollte und konnte, das war sehr wichtig, da den meisten die Möglichkeit fehlte, diese Werke in Konzerten oder Opernaufführungen in der Originalfassung zu hören. Man möge sich die Musiksituation von vor 150 Jahren einmal in Erinnerung rufen! So hat Silcher diesen Musikliebhaberkreisen durch seine Bearbeitungen Beethovenscher Melodien einen Zugang zu diesen Werken, wenn auch nur zu einem Teil davon, zu verschaffen versucht.

Silcher hatte bereits als Schulprovisor vor allem bei seinem Lehrer Auberlen, der sich selbst scherzhafterweise „Uhrenreparierer" nannte, solche Bearbeitungen kennengelernt. Und auch in seinen Konzerten in Tübingen führte er gelegentlich Werke nach Melodien von Beethoven auf, mit Texten des Wiener Kapellmeisters Ritter Ignaz Xaver Seyfried (1776–1841).

Silcher steht also mit diesen Bearbeitungen nicht allein. Vor allem auch die Auswahl der Melodien aus den verschiedenen Werken Beethovens zeugt von einer umfangreichen Kenntnis der Kompositionen Beethovens zu einer Zeit, als dessen Werke noch keine so große Anerkennung und Verbreitung gefunden hatten, wie man es sich vielleicht heute vorstellen mag. Das entwickelte sich vielmehr erst einige Zeit nach Beethovens Tod (1827).

Interessant ist dabei auch, daß Silcher weder aus Instrumentalwerken von W. A. Mozart, C. M. v. Weber,

F. Mendelssohn Bartholdy noch aus denen anderer bedeutender Komponisten seiner Zeit Melodien in ähnlicher Weise zu Liedern, wohlgemerkt zu Sololiedern mit Klavierbegleitung, verarbeitet hat.

KRITISCHE STIMMEN

Das schillernde Feld der musikalischen Bearbeitungen fremder oder auch eigener Musiken wird sehr unterschiedlich beurteilt. Wenn beispielsweise J. S. Bach aus der „Wahl des Herkules" Arien und Duette mit neuen, vom Weltlichen ins Geistliche umgewandelten Texten in sein „Weihnachtsoratorium", d. h. in die sechs Kantaten, die nachträglich als „Weihnachtsoratorium" bezeichnet wurden, übernahm; wenn Klaviermusiken von J. Ph. Rameau, Fr. Couperin u. a. Texte unterlegt wurden; wenn unter dem Pseudonym „Sperontes" Joh. Sigismund Scholze (1705–1750) in seiner „Singenden Muse an der Pleisse" (1736/1750) Tänzen und anderen Instrumentalstücken ebenfalls Texte unterlegte; wenn es in England bereits 1786/87 „Twelwe English Ballads" auf Themen aus Sinfonien und Streichquartetten von J. Haydn gab – wenn es dies alles gab (und es ist nicht nötig, die Reihe derartiger Bearbeitungen zu vervollständigen), so scheint es doch für gewisse Kreise etwas völlig anderes zu sein, wenn Silcher das gleiche tut, und dies aus den erwähnten Zusammenhängen.

Und hier setzt eine Diffamierung Silchers durch diese Kreise an, die sich auch nicht die geringste Mühe machen, das historische, musikpädagogische und musiksoziologische Umfeld dieser Zeit und die volkspädagogische Zielsetzung zu erkennen oder erkennen zu wollen, die Silcher mit diesen Bearbeitungen verfolgte, also, wie schon gesagt, Musikliebhabern, die keine Gelegenheit hatten, große Pianisten oder Orchesterwerke von Beethoven spielen zu hören, wenigstens Teile dieser Schöpfungen zu vermitteln. Abgesehen davon, daß er mit seinen Klavierschülern diese Werke erarbeitete und vielfach Ouvertüren und Sätze aus Sinfonien von Beethoven in seinen Konzerten mit seinem Stiftsorchester aufführte.

Wenn laut Riemann eine „Bearbeitung im Sinne des modernen Urheberrechts jede Veränderung eines Werkes ist, die darauf abzielt, das Originalwerk einem bestimmten Zwecke anzupassen", so ist dieser „bestimmte Zweck" bei Silcher ein musikpädagogischer, kein materieller, wie dies heute bei Beethoventhemen aus der 9. Sinfonie der Fall ist.

Silcher wollte mit diesen Beethovenliedern keine eigenen Kunstwerke schaffen, sondern die von ihm ausgewählten Melodien aus Beethovens Werken einem möglichst breiten Kreise zugänglich machen. Er wollte also damit Beethoven und seinem Werk dienen. Hierbei zeigte er einen feinen Spürsinn für die Kantabilität Beethovenscher Themen, die für solche Liedfassungen geeignet waren. Und so gesehen sind die Beethovenlieder ein verdienstvolles volkspädagogisches Werk Silchers, und kein Sakrileg an Beethovens Werken.

Ein großes pädagogisches Betätigungsfeld fand Silcher auch in seinem großen Privatschülerkreis in Gesang und Klavier. Für sie legte er einige handschriftliche Hefte an, in denen er, vor allem bei den Gesangsschülern, neben eigentlichen Gesangsübungen Abschriften einer großen Zahl von Sololiedern zeitgenössischer Komponisten wie Franz Schubert, R. Schu-

MELODIEN

aus

BEETHOVENS

Sonaten und Sinfonien

zu Liedern

für eine Singstimme

eingerichtet von

FR. SILCHER.

Heft 1, 2, 3 à ℳ 1. 25.

STUTTGART,
bei G. A. Zumsteeg.

Klavierlieder Friedrich Silchers, nach Ludwig van Beethoven

mann und anderen eintrug. Auch in Briefen an Schüler, die nach Abschluß ihrer Studien andernorts tätig waren, gibt er immer wieder gute Ratschläge. So schreibt er an Gustav Pressel, als der noch in Maulbronn im „niedern Seminar" war (er wurde später Klavierbegleiter im Tübinger „Oratorienverein" und ist der Komponist der Oper „Der Schneider von Ulm"): „Daß Sie in der Musik so tätig sind, freut mich sehr. Vergessen Sie nur nicht, täglich ein klassisches Klavierwerk zu spielen in S. Bachs wohltemperiertem Klavier ... alle Tage spielen Sie fugierte Sachen. Sie werden's mir noch danken." Auch nahm er für seine Klavierschüler vier Orgelchoralvorspiele von J. S. Bach aus dem 3. Teil seiner Klavierübungen auf, eine für diese Zeit der erst langsam beginnenden Bachpflege höchst bemerkenswerte pädagogische Tat.

Wir sahen, daß Silchers Arbeit mit der „Akademischen Liedertafel" und dem „Oratorienverein" ebenfalls musikpädagogisch motiviert war. Er vermittelte seinen Studenten und den im „Oratorienverein" mitsingenden Sängerinnen sowie dem Tübinger Konzertpublikum die Kenntnis sowohl alter Musiken wie auch zeitgenössischer Werke. Und diejenigen, die an diesen Aufführungen als Mitwirkende oder Zuhörer teilgenommen hatten, waren die Multiplikatoren, welchen Beruf sie auch später ergriffen, die in ihren neuen Lebensbereichen diese Erfahrung weitergaben und neue eigene Initiativen daraus gewannen, wie dies in vielfacher Form nachzuweisen ist.

SILCHER UND DIE LAIENCHORBEWEGUNG

Hat man das 19. Jahrhundert das „Pädagogische Zeitalter" genannt, so war hier Heinrich Pestalozzi die Schlüsselfigur. Pestalozzi wies auf die Musikerziehung als wesentlichen volkspädagogischen Faktor und als ein wichtiges allgemeinmenschliches Bildungsmittel hin, die Nägeli im Bereich der Erwachsenenbildung durch eine gezielte Chorarbeit auf breitester Basis zu fördern suchte. In enger freundschaftlicher Zusammenarbeit mit Nägeli wurde Silcher einer der großen Initiatoren und Förderer der deutschen Laienchorbewegung. Wenn Nägeli im Sinne Pestalozzis schrieb: „Erst dann beginnt das Zeitalter der Musik, wo nicht bloß Repräsentanten die hohe Kunst ausüben, sondern wo die Menschheit selbst in das Element der Musik aufgenommen wird", so sah Silcher die Verwirklichung dieser Idee in der Förderung des Laienchorwesens. Pestalozzis Idee, Gesang und Musik als wichtigstes Mittel zur sittlichen Veredelung und zur wahren Menschenbildung und, wie Nägeli sagte, „den Chorgesang als das eine, allgemein mögliche Volksleben im Reiche der höheren Künste" anzusehen, hatte Silcher sich zu eigen gemacht. Dabei war aber auch zu dieser Zeit der Gedanke, daß der Chorgesang alle sozialen Schranken überwinde, wach geworden. Bereits 1827 sagte Karl Pfaff, der Mitbegründer des „Deutschen Sängerbundes", bei dem ersten schwäbischen Sängerfest: „Nieder sinken vor des Gesanges Macht der Stände lächerliche Schranken."

Silcher bot den im 19. Jahrhundert neu aufkommenden Laienchören, in der Mehrzahl Männerchören, mit seinen Volksliedsammlungen ein ihnen adäquates Liedgut und schuf zugleich dem immer mehr aus seinen ursprünglichen Zusammenhängen verdrängten Volkslied eine neue Lebensmöglichkeit. Und dies wurde seine zentrale musiksoziologische und musikpädagogische Leistung, neben seinen großen Verdiensten als einer der bedeutendsten deutschen Volksliedsammler und Volksliedschöpfer des 19. Jahrhunderts. Silcher schrieb in einem Brief vom 6. 6. 1860 an Otto Elben: „Sie dürfen versichert sein, daß kein Mensch in der Welt dem Volksgesange lieber aufhelfen möchte, als ich." Sein pädagogisches Anliegen war: nicht Erziehung zur Musik, sondern Erziehung durch Musik zur Humanität. Als er 1860 aus seinem Amte ausschied, erhielt er das „Ritterkreuz des Friedrichsordens in Anerkennung seiner vieljährigen treuen Dienste und erfolgreichen Amtsführung sowie seiner allgemeinen Verdienste um die musikalische Seite der Volksbildung" von König Wilhelm I. von Württemberg verliehen, nachdem ihn bereits 1852 die Universität Tübingen mit der Ehrendoktorwürde ausgezeichnet hatte.

DER UNBEKANNTE SILCHER

Ein vielfältiges Werk

Neben dem beliebten oder sogar geliebten Silcher und dem von einigen hochmütig verachteten Silcher gibt es noch den unbekannten Silcher. Wir haben bereits den als hervorragenden und begabten Gestalter des Tübinger Musiklebens in über 40 Jahren tätigen Silcher kennengelernt – für den einen oder anderen durchaus ein unbekannter Silcher. Und bei der Schilderung Silchers als Pädagoge, der er in allem, was er in seinem Leben wirkte, immer war, konnten wir schon auf seine Theoretika hinweisen. Aber im Bereich seines kompositorischen Schaffens gibt es ebenfalls noch manches Unbekannte. Sind seine Klavierwerke – meist Variationen über unterschiedliche Themen, mehr oder weniger vor allem für seine Schüler, in deren Übungshefte eingetragen, geschrieben – sowie seine beiden Orchesterouvertüren auch Gelegenheitswerke und könnte man auch sagen, daß alle seine Instrumentalwerke (einschließlich der beiden „Divertissements für Flöte und Klavier") mehr oder weniger Gelegenheitswerke waren, so sind doch seine Sololieder im Stile des Klavierlieds von Franz Schubert oder Robert Schumann – um nur zwei Namen zu nennen – durchaus keine Gelegenheitswerke, sondern bedeutende kompositorische Arbeiten, die zwar fremde Anregungen aufnahmen, aber dennoch eine eigene Handschrift tragen. Damit sollen aber jene sogenannten „Gelegenheitswerke" keineswegs herabgemindert werden.

Volksmusik und Unterhaltungsmusik

Wenden wir uns nun seinen Theoretika zu. Sie waren für seine Zeit geschrieben, haben aber in manchen Dingen bis heute noch ihre Gültigkeit behalten. Durch sie erfahren wir mit großer Hochachtung von dem umfangreichen musiktheoretischen, musikhistorischen und allgemein musikwissenschaftlichen Wissen Silchers, sehen wir, welch wichtige Position er als Universitätsmusikdirektor und als Kantor am Evangelischen und am Katholischen Stift in den Jahren von 1817 bis 1860 in Tübingen, ja über Tübingen und Württemberg hinaus innehatte und ausfüllte. Das Ziel, Lehrer zu guten Musiklehrern an den Schulen zu machen und Theologen, als die für die Kirchenmusik ihrer späteren Pfarreien Verantwortlichen, zu guten Pflegern der Kirchenmusik in ihren zukünftigen Gemeinden auszubilden – dieses pädagogische Ziel war für ihn der eigentliche Auftrag für seine Theoretika. Als zu seiner Zeit Kirche, Schule und Haus noch – zumindest in gewissem Umfang – eine große Einheit bildeten, war dies das musikalische Feld, für das er seine musiktheoretischen und auch seine kompositorischen Werke schuf, die aber zugleich auch den Unterrichtsstoff für seine Schüler – zur eigenen Ausbildung und zur Ausbildung der ihnen im Musikunterricht Anvertrauten – bilden sollten und auch gebildet haben.

In gewissem Sinne war damals die Welt, als diese große Einheit noch bestand, eine heile Welt, gemessen an unserer heutigen Musiksituation, wo die Unterhaltungsindustrie die Jugend und die Gesamtheit der in plumper Anbiederung als „Volk" angesprochenen Musikkonsumenten entweder mit Pseudo-Folklore

oder sogenannter „moderner" Musik füttert. „Volks-
tümliches" wird dabei meist als kulturelles Almosen
für die in ihren Augen geistig und musikalisch Min-
derbemittelten in Hitparaden etc. „verkauft", ja verkauft, um den Schallplattenumsatz zu fördern. Weil
dabei die wenigsten bemerken, daß der Verschleiß dieser „volkstümlichen Musikware" sehr groß ist, bedeutet dies wiederum einen guten Absatz des „Neuen", das
zwar im Wert keine Änderung erfährt, sondern nur in
äußerlichen, mit einem großen elektronischen Aufwand erzeugten Effekten.

Daß man sich bei diesen „Hitparaden" auch an Liedern von Silcher vergreift, hat Silcher in die Ecke der
Trivialmusik verbannt und ihm eine Geringschätzung
eingebracht, die in solcher Umgebung und solcher
Entstellung vielleicht auch noch berechtigt erscheint.

DIE THEORETISCHEN SCHRIFTEN

Lassen wir Silchers eigene Äußerungen aus seinen
Theoretika sagen, welchen Sinn und Zweck diese
erfüllen sollten.

Als erstes ist da die „Kurzgefaßte Gesanglehre für
Volksschulen und Singchöre von Fr. Silcher, Tübingen,
1845, Verlag der H. Lauppschen Buchhandlung." Das
zweite theoretische Werk ist seine „Harmonie- und
Compositionslehre, kurz und populär dargestellt von
Friedrich Silcher, Lehrer und Direktor der Musik an
der Universität Tübingen. Tübingen, 1851, Verlag der
H. Lauppschen Buchhandlung." (Eine „zweite ver-
mehrte und verbesserte Auflage" erschien 1859 mit
„Dr. Fr. S.") Das dritte und letzte theoretische Werk war:

„Geschichte des evangelischen Kirchengesangs nach seinen Haupt-Melodien, wie sie im Württembergischen Choralbuche vom Jahre 1844 enthalten sind nebst einer Erklärung der alten Kirchentonarten, von Dr. Fr. Silcher Tübingen, 1862, Verlag der Lauppschen Buchhandlung. Nach seinem Tode von seinem Freunde K. Ehmann herausgegeben."

ALLEN FREUNDEN DES GESANGES

In der Vorrede zu seiner „Kurzgefaßten Gesanglehre" heißt es: „Daß umfangreiche Anleitungen zum Gesang-Unterricht in der Volksschule aus leicht begreiflichen Gründen nur selten oder gar nicht benützt werden, und schon deßhalb, bei allem innern Werth, ihrem Zwecke sehr wenig entsprechen, ist eine unläugbare Thatsache und hat sich dem Verfasser dieses Büchleins aus langjähriger Erfahrung und Beobachtung als unumstößliche Überzeugung aufgedrungen.

Um so mehr ist ihm schon längt eine Gesanglehre, in möglichster Kürze und doch mit möglichster Vollständigkeit pädagogisch durchgeführt, nicht nur für die Volksschule allein, sondern auch für den Unterricht Erwachsener zur Bildung von Singchören als ein wesentliches und laut gefordertes Bedürfnis erschienen. Wenn er sich daher berufen fühlt, eine solche Anleitung, von der alles ausgeschlossen bleibt, was nicht in den Kreis dieses Unterrichts gehört[*], der

---

[*] Man soll in dieser Anleitung keine Unzahl von rhythmischen Übungen bis zur 64stels-Note und bis zum Zwölfach-

Öffentlichkeit zu übergeben, so glaubt er nur einer Forderung der Pflicht zu genügen und schon darum auf Anerkennung rechnen zu dürfen, zumal in jetziger Zeit, wo man von allen Seiten so sehr auf Hebung des Choralgesanges bedacht ist.

Eine naturgemäße Darstellung und Behandlung der Tonleiter und ihrer Intervalle, und der im Volksgesange gebräuchlichen Takt- und Tonarten, ferner Hand in Hand damit passende Beispiele und kurze Belehrungen über Akzent der Töne und über reine Aussprache der Laute und Silben im Gesange, so wie endlich eine methodische Verfahrungsart hinsichtlich der Ausweichungen und der Moll-Tonarten, – das ist es, was diese Anleitung zu geben versucht.

Was den rhythmischen Theil der in den letzten 25 Jahren erschienenen Gesanglehren betrifft, so ist der Verfasser der Meinung, daß es nicht methodisch sei, den Schüler mit einer Unzahl trockener, bloß rhythmischer Übungen durch alle Taktarten hindurch zu plagen. In vorliegender Anleitung werden deshalb (Abschnitt 9, 13, 14, 15, 18 etc.) die meisten rhythmischen Übungen unmitelbar darauf nicht nur melodisch gegeben, sondern zugleich auch ein passender Text beigefügt, weil dadurch, natur- und erfahrungsgemäß, am ehesten rege Teilnahme bei den Schülern geweckt und erhalten wird.

---

tel-Takt hinaus finden, keine ausgedehnten Abhandlungen über die menschliche Stimme, über Dynamik der Töne, über sämtliche Musikschlüssel, über zahllose Kunstausdrücke, über verminderte und übermäßige Intervalle, keine mühsamen Aufzählungen von großen ganzen und kleinen ganzen, von großen halben und kleinen halben Tönen; nichts von Tonleitern, die man im Volksgesange nicht braucht, z. B. As moll, Des dur und moll, B moll, Es moll, Ges oder Fis dur und moll."

Möge auch dieses Werkchen in seinem Theile die gute und schöne Sache des Gesanges helfen fördern, und namentlich der Lehrer in ihm für seine Zwecke die nötige Unterstützung finden; möge es, so wie das auf den Vorschlag des Verfassers zur Aufnahme in die Fibel bereits genehmigte Musikblättchen für den ersten Gesang-Unterricht, dazu beitragen, die Jugend schon von früh auf in der Notenschrift fertig zu machen und dadurch den Volksgesang in und außer der Schule immer mehr und mehr zu wecken und zu veredeln!! Mit diesem herzlichen Wunsche empfiehlt er es allen Freunden des Gesanges.

AUS DER HARMONIE- U. COMPOSITIONSLEHRE

„Eine kurzgefaßte Harmonie- und Compositionslehre trägt wohl die Rechtfertigung ihres Erscheinens in sich selber. Bei der eben so allgemeinen Verbreitung als großen Ausbildung der Musik in unsern Tagen hofft sie einem wesentlichen Bedürfniß entgegen zu kommen.

Nicht, als ob es unserer Zeit an ausgezeichneten Werken auch in diesem Fache fehlte: allein durch ihren Umfang allzu kostspielig, sind sie höchstens der Minderzahl bemittelter Musikfreunde zugänglich, der weitaus größeren Mehrzahl der Unbemittelten aber so gut als eine verbotene Frucht. Die Letzteren dürften sich deßhalb durch die vorliegende Anleitung, das kurz und gemeinverständlich zusammengefaßte Ergebniß sorgfältiger Studien und vieljähriger Erfahrung, nicht minder entschädigt und befriedigt finden, als vielleicht auch die Ersteren es nicht verschmähen werden, ihr neben den umfassenderen Werken über die Theorie der Musik gleichfalls einige Aufmerksamkeit zu schenken.

Die Zeiten der sogenannten Generalbaßlehren sind vorüber. Was daher der Leser in diesem Buche findet, ist nicht blos die Harmonielehre, welche der Verfasser in Verbindung mit dem zwei-, drei- und vierstimmigen Satze methodisch und klar gegeben zu haben glaubt und so, daß dabei der Lernende überall selbstthätig auftritt und stetig vom Leichteren zum Schwereren, vom Einfachen zum Zusammengesetzten fortschreitet.

Abgehandelt ist auch die Lehre von der Bildung melodisch-rhythmischer Sätze, von dem Periodenbau, so wie von den zwei- und dreitheiligen Tonstükken nebst der Modulationsordnung derselben.

Besprochen wird ferner das Wissenswertheste in Betreff des neueren Chorals und seiner Harmonisierung, der alten Kirchentonarten (welchen 7 ihrer schönsten Choräle in vierstimmiger Bearbeitung angehängt sind), sowie nicht minder der rhythmischen Verhältnisse des alten Chorals. Mit größter Sorgfalt sind dabei überall passende Beispiele ausgewählt aus den klassischen Werken der bewährtesten Meister, eines Händel, Seb. und Phil. Em. Bach, Graun, Haydn, Mozart, Beethoven, Mendelssohn u. a.

Die neuere Theorie will manche Namen von Accorden verbannt wissen, und doch sind diese Accorde einmal vorhanden. Dem Schüler soll in der Musik heut zu Tage alles bequem und leicht gemacht werden. Aber was wird nicht seinem Gedächtnisse zugemuthet, wenn er auch nur eine fremde Sprache erlernen soll, und welche geringe Zahl von Namen und Regeln in der Harmonielehre gegen die einer einzigen Sprachlehre! Daher konnte der Verfasser dieser Anleitung, stets das Gute der alten und neuen Lehre gleich würdigend, nicht umhin, die Namen ‚doppelt- und hartverminderter Dreiklang' aus der alten Schule beizubehalten.

Durch die zweite Auflage dieses Buches erhalte ich die erwünschte Gelegenheit zur Verbesserung und Erweiterung desselben. Es beginnt jetzt statt des Anhangs der ersten Auflage mit Abschnitt 29 eine zweite Abtheilung. Als 30ster Abschnitt ist neu beizugeben: ‚Der mehrstimmige Tonsatz für den Männergesang.' Ebenso wurde der darauf folgende 31ste Abschnitt: ‚Die alten Kirchentonarten' gänzlich umgearbeitet und hierbei auch auf den gregorianischen Gesang Rücksicht genommen. Ferner sind die Beispiele einiger Abschnitte, wie die der Nachahmung und des doppelten Contrapunkts etc. vermehrt worden."

Eine nützliche Geschichte

Unter Silchers Theoretika ist seine „Geschichte des evangelischen Kirchengesangs" ein wichtiges zeitgeschichtliches Dokument, das wohl mit den Jahren seine Ergänzung fand, für seine Zeit aber eine große musikhistorische Leistung war und „den Geistlichen, Organisten und Lehrern, denen die musikalische Ausbildung in Seminarien u.s.f. anvertraut ist, nützlich war." Aus diesem Werk seien deshalb auch einige Ausführungen Silchers wiedergegeben.

Vorrede
„In den nachfolgenden Blättern beabsichtigte ich eine chronologisch geordnete Uebersicht der Melodien des

württemberg. Choralbuchs von 1844 und der Handausgabe dieses Choralbuchs, nebst Erklärung der alten Kirchentonarten zu geben. Daß ich den umfassenden Werken unserer Winterfeld, Tucher, Koch, den Arbeiten von Faißt und Anderer allenthalben verpflichtet bin, brauche ich kaum ausdrücklich zu sagen. Mit ganz besonderem Danke aber habe ich die Unterstützung zu erwähnen, welche meiner Arbeit G. Freiherr von Tucher, auf dessen hieher gehörige hervorragenden Werke es nicht erst einer Hinweisung bedarf, angedeihen zu lassen die Gewogenheit hatte. Die Kürze, deren ich mich bestreben mußte, ist wohl nicht Veranlassung zur Unvollständigkeit geworden; und so darf ich vielleicht hoffen, Geistlichen, Organisten und Lehrern, denen die musikalische Ausbildung in Seminarien u.s.f. anvertraut ist, nützlich zu sein.

Tübingen   Fr. Silcher"

Nachschrift des Herausgebers
„Vorstehendem erlaube ich mir einige Bemerkungen hinzuzufügen. Das vorliegende Werkchen ist hervorgegangen aus Vorträgen, welche der sel. Silcher vor den Studierenden der Theologie im evangelischen Stift zu Tübingen von Amts wegen gehalten hat. Leider war es ihm nicht vergönnt, dieses sein letztes, unter vielen körperlichen Leiden vollendetes Werk selbst noch zum Druck zu befördern. Als ein über 30 Jahre mit ihm eng verbundener Freund habe ich, nach dem Wunsch der Familie, diese Arbeit gerne übernommen. Außer wenigen Ergänzungen und Berichtigungen, die der Verfasser ohne Zweifel selbst vorgenommen haben würde, habe ich an dem Manuscripte nichts geändert. Gerne hätte ich, außer einer Biographie des Verstorbenen, auch die Originalien der bedeutenderen Melodien, welche er in sein durchschlossenes

Melodienbuch eingetragen hat, diesem Werkchen beigegeben, wenn dadurch nicht eine Erhöhung des vom Verfasser beabsichtigten niedrigen Preises wäre herbeigeführt worden. Dagegen habe ich ein, gewiß vielen willkommendes Verzeichniß seiner eigenen Choral-Compositionen, die uns nun als ein geschlossenes Ganzes vorliegen, hinzugefügt.

Der Verstorbene selbst gedachte seinen unermüdeten Bemühungen um Veredlung des Volksgesangs mit einem Familien-Choralbuche die Krone aufzusetzen, und hat dafür seit einer langen Reihe von Jahren unablässig gesammelt und gearbeitet. Vielleicht gelingt es noch, aus dem reichen Schatze seines noch nicht vollständig gesichteten Nachlasses ein Ganzes herzustellen.

VERZEICHNIS VON DR. SILCHERS CHORAL-COMPOSITIONEN.

A. Eigene Melodien.

1. Ich freue meines Lebens mich, A-dur, 1818.
2. Nimm hin den Dank für deine Liebe, Es-dur, 1818.
3. Auferstehn, ja auferstehn wirst du, C-dur, 1819.
4. Freude, Freude, alle wir, C-dur, 1819. (Dieselbe Melodie mit einigen Abänderungen 1828: Himmel, Erde, Luft und Meer, D-dur.)
5. Wie lang willst du den Pfad der Sünder wandeln, A-moll, 1822.
6. Was ist's, daß ich mich quäle, E-moll, 1822.
7. Es lebt in mir ein Geist, der denkt und fühlet, B-dur, 1822.

8. Von dir, unendlich Gütiger, G-dur, 1823.
9. Womit soll ich dich wohl loben, G-dur, 1823.
   (Herzog der erlösten Sünder)
10. Preis dem Todesüberwinder, C-dur, 1823.
11. Mein Gott, zu dem ich weinend flehe, E-moll, 1823.
    Seit 1844 m. d. Liede: Du gehest in den Garten beten.
12. Jesu meine Freude, C-dur, 1823.
13. Mit welcher Zunge, welchem Herzen, A-dur, 1823.
14. Preis ihm, er schuf, und er erhält, D-dur, 1823.
15. Urquell aller Seligkeiten, Es-dur, 1823.
16. Erlöser, sieh ich falle, Es-dur, 1823.
17. Ja, Tag des Herrn, du sollst mir heilig, Es-dur, 1824.
18. In allen meinen Thaten, B-dur, 1828.
19. Herr, welch Heil kann ich erringen, B-dur, 1828.
20. Von dir, o Vater, nimmt mein Herz, G-dur, 1828.
21. Zu dir erhebt sich mein Gemüthe, B-dur, 1828.
22. Herr, es gescheh dein Wille, B-dur, 1828.
23. Gott ruft der Sonn und schafft den Mond, C-dur, 1828.
24. Um Erbarmen flehen wir, G-moll, 1828.
25. Preist mit kindlich frommer Rührung, C-dur, c. 1830.
26. Nun danket all und bringet her, C-dur, c. 1830.
27. Die Sonne zeigte golden sich, B-dur, c. 1840.
28. Seht, welch ein Mensch ist das, G-moll (urspr. F-moll) 1842.
29. Weil ich Jesu Schäflein bin, F-dur, 1843.
30. Solang ich hier noch walle, F-dur, 1842 oder 1843, ungedr.
31. Ach Gott, gedenke mein, F-dur, ebenso.
32. Wenn in trüben, bangen Stunden, F-dur, ebenso.
33. Herr, dir ist niemand zu vergleichen, C-dur, ebenso.
34. So feierlich und stille, Es-dur, ebenso.

B. Recomponirte Melodien

1. Der niedern Menschheit Hülle, F-dur, Knecht, 1828.
2. Hin an dein Kreuz zu treten, G-moll, 1828. oder: Von Furcht dahin gerissen, Knecht, 1828.
3. Ach, sieh ihn dulden, bluten, sterben, As-dur, Knecht, 1828.
4. Du, deß sich alle Himmel freun, B-dur, Knecht, 1828.
5. Herr, dir ist niemand zu vergleichen, A-dur, Knecht, 1828.
6. Schmal ist der Pfad, auf welchem Christen gehen, Es-dur, Knecht, 1828.
7. Ach Jesu, wann soll ich erlöset doch werden, E-moll, 1828.
8. Wir werfen uns darnieder, F-dur, 1829.
9. O selig Haus, wo man dich aufgenommen, D-dur, nach Goudimel, 1842 oder 1843.
10. Jenen Tag, den Tag der Wehen, F-dur, ebenso.
11. Ich weiß, an wen ich glaube, Es-dur, nach Händel, 1842 oder 1843.
12. Siegesfürst und Ehrenkönig, F-dur, ebenso.
13. Wie lieblich klingt's den Ohren, F-dur, ebenso.
14. Zeuch ein zu deinen Thoren, C-dur, ebenso.
15. Weicht, ihr Berge, fallt, ihr Hügel, B-dur, nach Mendelssohn, 1842 oder 1843.
16. Mein Glaub ist meines Lebens Ruh, Es-dur, Knecht.
17. Ich bin ja, Herr, in deiner Macht, G-dur, aus dem Choralbuch von Natorp, Keßler und Rink.

Anmerkung. In obigem Verzeichniß sind die Jahreszahlen bei den Melodien: Womit soll ich dich wohl loben, und: Mein Gott, zu dem ich weinend flehe etc.

der ersten Ausgabe von Silchers dreistimmigen Choralmelodien entnommen, welche er selber ncht mehr besaß. Daher erklärt sich die Differenz mit seinen eigenen Angaben S. 34, Nr. 202 und 203, wo die Jahreszahlen ohne Zweifel aus dem Gedächtniß angegeben sind. A. d.H."

KLAVIERLIEDER UND GESANGSVARIATIONEN

Unbekannt sind, wie eingangs erwähnt, Silchers 150 Klavierlieder, von denen er nur 50 selbst in Druck gab. Es sind insgesamt acht Liederzyklen, von denen nur zwei Vertonungen von Texten eines einzelnen Dichters sind, op. 12,1 (1828): „Sechs Lieder von Justinus Kerner", und op. 69 (1859): „Vier Lieder in plattdeutscher Mundart aus Klaus Groth's ‚Quickborn'" (mit beigefügter hochdeutscher Übertragung).

Silchers Sololieder knüpfen wohl an eine Tradition der sogenannten „Schwäbischen Liederschule" an, die es aber als geschlossenes, klar definiertes Ganzes ebensowenig gab wie eine „Schwäbische Dichterschule", über die J. Kerner einmal sagte, daß jeder dichtete, wie ihm der Schnabel gewachsen war. Natürlich hat sich Silcher an Vorbildern orientiert, aber er hat einen eigenen Stil gefunden, der neben dem von Johann Friedrich Reichardt, Carl Friedrich Zelter, Johann Abraham Peter Schulz, Johann Rudolf Zumsteeg, Robert Franz und Peter Cornelius seinen beachtenswerten Platz hat.

Bemerkenswert ist, daß Silcher bei seinen Vertonungen von Gedichten ein und desselben Autors oft die einen in seine Volksliedsammlungen übernahm und

VIER LIEDER

in
plattdeutscher Mundart aus Klaus Groth's
QUICKBORN
mit beigefügter hochdeutscher Uebertragung
für eine
Sopran oder Tenorstimme mit Begleitung des Pianoforte
componirt
und dem Dichter gewidmet
von

FR. SILCHER.

Op 69   Eigenthum des Verlegers.   Pr. — 36 kr.
Eingetragen in das Vereins Archiv.

TÜBINGEN
VERLAG DER LAUPPSCHEN BUCHHANDLUNG.
Laupp & Siebeck.

3.

Lith. Anst. v. C.G.Röder i. Lpzg.

Die „Quickborn-Lieder"

die anderen in die seiner Sololieder. Er spricht in einem Brief an die Hofopernsängerin von Knoll sogar von einem „höheren Volkslied, das eine gebildete Stimme in einem Konzert singen könnte" (op. 68, 3). Das bedeutet, daß Silcher, dem Inhalt und dem Charakter der Dichtung entsprechend, bestimmte Texte als für Volkslieder geeignet ansah, andere als passend für die Kunstgattung des Sololiedes. Hierin unterscheidet er genauso klar wie zwischen den Begriffen „Männerchöre" und „Volksliedsätze für Männerstimmen".

Auch seine Gesangsvariationen, obwohl als pädagogische Kompositionen gedacht, haben ihren besonderen Reiz. Die Gesangsvariationen „Vien qua Dorina bella" schrieb Silcher (wahrscheinlich durch Carl Maria von Webers Klaviervariationen „Sept Variations pour le Piano-Forte", op. 7, 1807, angeregt) nach einer Arie von Francesco Bianchi (1752–1810). Weber soll das Thema, wenn er diese Variationen selbst spielte, vorher gesungen haben.

Eine genauere Untersuchung der Klavierlieder Silchers folgt in den „Beiträgen zur Silcherforschung". Einige dieser Lieder sind im 8. Band der „Kritischen Neuausgabe einer Auswahl der Werke Silchers" beim Bärenreiter-Verlag erschienen.

SCHÜLER UND FREUNDE

HERZLICHKEIT UND HOCHACHTUNG

Silcher war sowohl als Musiker wie auch als Mensch in den Tübinger Kreis der Studenten und Dozenten, in die gesamte Universitätsgesellschaft und die Tübinger Bürgerschaft so sehr hineingewachsen, daß ihn ein großer Freundeskreis umgab, mit dem ihn ein herzliches Verhältnis verband. Dabei ist bemerkenswert, daß auch seine Schüler, von Hochachtung und Wertschätzung Silcher gegenüber getragen, mit ihm in freundschaftlicher Weise verkehrten. Selbst wenn sie schon längst Tübingen nach ihrem Studium verlassen hatten, blieb ihre Freundschaft bestehen.

Das Bild Friedrich Silchers wäre unvollkommen, würden nicht wenigstens einige Zeugen dieser Freundschaft zu Wort kommen, darunter Persönlichkeiten, die zu ihrer Zeit auf den verschiedensten Gebieten maßgebliche Positionen inne hatten. Ihre Aussagen über Silcher sind zugleich höchst interessante Zeitdokumente zum Kulturleben in Tübingen, in Württemberg und darüber hinaus in ganz Deutschland und im Ausland.

DIE FAMILIE KÖSTLIN

Ein besonders herzliches Verhältnis verband Silcher mit dem Tübinger Rechtswissenschaftler Christian Reinhold Köstlin und dessen Frau, der Komponistin und Sängerin Josephine Lang, den Eltern des mehrfach zitierten Heinrich Adolf Köstlin.

Chr. R. Köstlin war ein bekannter Kriminalist. Er war

dichterisch sehr begabt und veröffentlichte seine Gedichte unter dem Namen „Christian Reinhold". Josephine Lang war eine hoch begabte Komponistin, Schülerin von Felix Mendelssohn Bartholdy. Dieser schrieb einmal in einem Reisebrief vom 6.10.1831 an seine Mutter über seine Schülerin J. Lang:

„Noch habe ich ganz vergessen, daß ich jeden Tag um 12 Uhr der kleinen Lang eine Stunde im doppelten Contrapunkt, vierstimmigen Satz u. dgl. gebe. (Josephine Lang war damals erst 16 Jahre alt!) Sie ist mir eine der liebsten Erscheinungen, die ich je gesehen habe. Denkt Euch ein zartes, kleines, blasses Mädchen mit edeln, aber nicht schönen Zügen, so interessant und seltsam, daß schwer von ihr wegzusehen ist, und alle ihre Bewegungen und jedes Wort voll Genialität. Die hat nun die Gabe, Lieder zu componieren und sie zu singen, wie ich nie etwas gehört habe. Es ist die vollkommenste musikalische Freude, die mir bis jetzt wohl zu Theil geworden ist. Wenn sie sich an das Clavier setzt und solch ein Lied anfängt, so klingen die Töne anders, die ganze Musik ist so sonderbar hin und her bewegt, und in jeder Note das tiefste, feinste Gefühl. Wenn sie dann mit ihrer zarten Stimme den ersten Ton singt, da wird es jedem Menschen still und nachdenklich zu Muthe ... Voriges Jahr waren alle die Anlagen wohl schon da. Sie hatte kein Lied geschrieben, worin nicht irgendein sonnenklarer Zug von Talent war ... Ich lehre sie, was sie eigentlich schon von Natur weiß."

H.A. Köstlin bemerkte in seiner Silcherbiographie aus dem Jahre 1877, die er zusammen mit einer Biographie von C.M.v.Weber veröffentlichte und dem „Schwäbischen Sängerbund" widmete:

„Sein Familienkreis war in Tübingen geehrt und geliebt; in musikalischer Hinsicht fand er reiches Ver-

ständniß und warme Sympathie in so manchem hoch-
musikalischem Kreise, wie in dem, dessen Mittelpunkt
der auch als Musiker hochstehende Theologe Dr. Palmer bildete. Insbesondere verband ihn ein festes Band
der Freundschaft mit Josephine Lang, der Liederkom-
ponistin, die seit 1842 in Tübingen lebt. In ihrem Hause
ging Silcher aus und ein; wer von beiden etwas Neues
gemacht hatte, theilte es zuerst dem andern mit, ehe es
hinauswanderte, und Verbesserungen auf den Rath
des Andern wurden stets dankbarst vorgenommen."

Silcher schrieb einmal in einem Brief an Josephine
Lang: „Die Melodie ist die Seele, die Begleitung der
Körper... Ihr aufrichtiger Freund, musikalischer Klei-
dermacher."

Weiter sagte H. A. Köstlin über Silcher: „Silcher
vermittelte die Kunst dem Volke, weckte und be-
lebte den Sinn und die Begeisterung für die Kunst
in allen, die mit ihm in Berührung kamen; das
war seine Gabe und sein Verdienst; daß er das that, hat
ihm so manches geringschätzige Spötteln seitens der
Fachmusiker eingetragen, die ihre Kunst gerne für
sich behalten oder doch als Geheimkunst gehütet
haben wollten. Er war dazu geschaffen, Schwieriges
leicht zu machen und Dilettanten in die Geheimnisse
der Kunst einzuführen. Er scheute auch keine Arbeit
und Mühe, um dem weniger Begabten die Kunst
zugänglich zu machen und den Begabten auszubilden. In der Kirche der Gemeinde die Kunst, den
schönsten Schmuck des Lebens und des Gottesdienstes, eigen zu machen, das sah er als seine Aufgabe
an."

Der Nachfolger H. A. Köstlins im Amt des Vorsitzen-
den des „Evangelischen Kirchengesangvereins für
Württemberg", dem heutigen „Verband der evangelischen Kirchenchöre in Württemberg", war der Schüler

Silchers Julius Abel, über dessen Brief an Silcher wir ja bereits in dem Kapitel über das Volkslied berichtet haben.

Aus den Lebenserinnerungen eines Patenkindes

Der Universitätsturnlehrer Carl Heinrich Wüst, Sohn des Lehrers Wilhelm Wüst, erzählt in seinem Buch „Aus meinem Leben" (1895) sehr ausgiebig über Silcher und seine enge Zusammenarbeit mit ihm, dessen Patenkind er war und zu dem er ein besonders enges Verhältnis hatte. So schreibt er:

„Mein Vater war mit ihm schon im Jahr 1814 als College in Ludwigsburg befreundet. Beide kamen bald nach einander nach Stuttgart, Silcher als Musiklehrer und mein Vater als Lehrer am Waisenhaus, beide blieben auch in Stuttgart befreundet, und als dann 181(9?) (1817) Silcher als Universitäts-Musikdirektor in Tübingen angestellt wurde, bestimmte er meinen Vater, der sich in der Musik und besonders im Gesang gründlich ausgebildet hatte, eine Lehrerstelle hier anzunehmen, welches ihm natürlich während der langen Zeit ihres Zusammenseins hier eine brauchbare Stütze bei seinen musikalischen Veranstaltungen war. Bei meiner Taufe nahm ihn mein Vater als Paten, dem ich auch meine ganze Lebenszeit mit großer Liebe und Respekt anhänglich war und ihm schon als Knabe bei seinen Conzerten, Kirchenmusiken und sonstigen Veranstaltungen als Sänger zu Diensten stand, später in der Stiftsmusik als Cellospieler selten fehlte und auch alle Proben des Oratorienvereins als brauchbares Mitglied besuchte, wenn es das eine oder andere mal gerade in Solo oder Quartett der Zufall wollte, daß der betreffende Tenorist oder Bassist fehlte, mußte ich eben in die Lücke treten, auch als sein Stellvertreter bei der Stiftsmusik sowohl als auch bei den Oratorienproben war ich von ihm gewürdigt, wenn er durch Unwohlsein verhindert war, für ihn den Dirigentenstab zu schwingen. So wurde er mir mit der Zeit mein lieber Kollege und treuer Freund ... (...)

Es war ihm nicht lange mehr vergönnt, seine wohlverdiente Ruhe zu genießen. Noch im gleichen Jahr gegen Ende August raffte ihn eine Lungenentzündung dahin. Friede seiner Asche!

Das Sommersemester war zu Ende, schon viele Studenten waren bereits abgereist, Scherzer war als Kurgast in Wildbad, da war ich in großer Verlegenheit wegen des Grabgesangs bei der Beerdigung, aus der mich zum Glück das Schreiben Scherzers riß. Es lautete:

Sonntag Abends, 7 Uhr

Verehrter Herr Wüst!

Soeben höre ich zu meinem großen Schrecken, Herr Silcher sei heute früh gestorben.

Wie sehr ich bedaure, es um der Rücksicht für meine eigene Gesundheit willen, welche durch die Vorfälle der letzten Zeit sehr gelitten hat, vermeiden zu müssen, bei der Beerdigung thätig zu sein, brauche ich Ihnen wohl nicht zu versichern. Ich bin selbst mitten in der Kur begriffen und würde durch eine Unterbrechung derselben allen Nutzen, die sie mir bisher sichtlich brachte, aufheben. So bitte ich Sie denn, Verehrtester, die Leitung der Grabgesänge für mich zu übernehmen. Sollten von den Studierenden schon viele abgegangen seyn, so würden Ihnen wohl einige Lehrer aushelfen.

Ihrer gütigen Aushilfe entgegensehend, empfiehlt sich Ihnen bestens
In großer Eile

Ihr ergebenster
O. Scherzer.

Jeder Andere würde im gleichen Falle sich nicht lange besonnen haben und hätte seine Kur unterbrochen, um einem Manne von der Bedeutung Fr. Silchers den letzten collegialischen Dienst zu erweisen. Jedenfalls war sein Gesundheitszustand nicht derart, daß ihm eine kurze Unterbrechung von 2–3 Tag für seine Gesundheit ganz gewiß etwas geschadet hätte. Hart und eckig, wie er selbst und seine Schrift. Das Original des eben mitgeteilten Schreibens wäre für einen Schriftkenner ein Gegenstand interessanten Studiums gewesen: Vor allem fehlt Datum und Jahr, immerhin eine charakteristische, wenn auch herbe Handschrift mit den korrigierten Stellen und dick durchstrichenen Worten. Seinen Auftrag habe ich schon aus Pietät für meinen lieben Taufpaten mit Vergnügen besorgt und einen erhebenden Chorgesang zusammen gebracht. Daß Scherzer von vielen Seiten vermißt wurde, habe ich vielfach Gelegenheit gehabt, wahrnehmen zu können..."

Friedrich Silcher war am 26. August 1860 gestorben, wenige Monate nach seiner Pensionierung. Carl Heinrich Wüst erinnert sich:

„Im März 1860 hat sich Silcher pensionieren lassen, bei welcher Veranlassung ihm die Studenten einen solennen Fackelzug brachten mit Beteiligung der hiesigen Gesangeskräfte: Liedertafel, Sängerkranz, Harmonia und Weingärtnersängerkranz und unter meiner Direktion. Hierüber äußerte er sich in beifolgendem Schreiben an mich:

Verehrter Freund!

Gerne hätte ich Sie längst besucht, um Ihnen meinen wärmsten Dank zu sagen für Ihre gütige Leitung der Gesangchöre beim Fackelzug. Allein ich habe auf dem hohen Balkon einen bedeutenden Katarrh davon getragen und konnte bis jetzt nur ins Museum zur letzten Liedertafel mich schleppen.

Der Fackelzug hat sich diesmal im Aula-Hof in der That auf eine bewundernswürdige Weise in Betreff der Ordnung gestaltet, daß das Ganze einen zauberhaften herrlichen Anblick von meinem Standpunkt gewährte. Ebenso ist schön und mit Ausdruck gesungen worden. Ich glaubte immer, Ihr Vater werde auch zu mir auf den Balkon kommen, was mich sehr gefreut hätte.

Indem ich Sie bitte, die Ihrigen freundlichst zu grüßenn, sage ich Ihnen nochmals innigsten Dank für Ihre wirksame Unterstützung und gütige Theilnahme. Zugleich ersuche ich Sie, dem verehrlichen Sängerkranz gelegentlich in meinem Namen herzlichsten Dank auszudrücken. Auch Ihr Vater möchte die Güte haben, seinem Weingärtner-Liederkranz ein Gleiches besorgen zu wollen. Mit besten Grüßen
Ihr ergebenster
Fr. Silcher.
Tübingen, den 17. März 1860"

Das Sterbehaus Friedrich Silchers (mit der Fuesschen Buchhandlung)

Auch viele Jahre nach Silchers Tod bewahren die Freunde noch sein Andenken. C. H. Wüst ist einer von ihnen:

„Vom Jahr 1882 habe ich noch nachzutragen den Besuch der Silcherfeier in Schnaith am 29. Juni. Dort wurde am Geburtshaus von Silcher eine Gedenktafel angebracht, und hierzu war die Liedertafel auch eingeladen. Herr Kauffmann war verhindert, und so übernahm ich die Führung und Leitung der Sängerschaar, etwa 15 Mitglieder, ein glücklich zusammengewürfeltes Doppelquartett. Von Stuttgart her kamen viele Gäste, meistens Mitglieder des Liederkranzes, darunter auch Elben, Faißt, Speidel, Förstler, Steudle und andere Bekannte, so daß nach dem Programm die vorgeschriebenen Gesänge flott ausgeführt werden konnten. Die Herren aus Stuttgart baten mich, die Direktion der gemeinsam zu singenden Lieder zu übernehmen. Diesem Wunsche nachzukommen, gereichte mir zu großer Ehre in dem Bewußtsein, unter meinen Sängern hohe Herren und Koriphäen der Kunst zu wissen. Der Schnaither Liederkranz kam im Programm mit einem Chor von Silcher: Hehr und heilig ist die Stunde pp, dessen Vortrag Herrn Professor Faißt zu der Äußerung veranlaßte: Wenn Silcher das gehört hätte, würde er sich noch im Grabe umgedreht haben. Während des darauffolgenden Festessens wurden mehrere Reden gehalten, unter anderem auch von seinem Neffen, Ministerialrat Dr. Silcher. Durch das lang hinausgezogene, nicht enden wollende Festessen kam bedauerlicher Weise die gesellige Vereinigung der Festteilnehmer viel zu kurz weg, und nur zu bald wurde für die Stuttgarter zum Aufbruch geblasen."

Soweit aus den Lebenserinnerungen von C. H. Wüst.

EIN ANONYMER BEWUNDERER

In der Zeitschrift „Euterpe", Musikzeitschrift für Deutschlands Volksschullehrer, Leipzig 1860, erschien eine kurze Biographie mit dem Titel: „Dr. Friedrich Silcher, Musikdirektor in Tübingen, von einem Württemberger". Dieser „Württemberger" war Wilhelm Ammon, damals Dekan in Löwenstein und Schüler und „Akkompagnist" Silchers. Dort steht zu lesen:

„Silcher war ein Mann von mittlerer Statur, zartem aber großer Ausdauer fähigem Körperbau, von ungemeiner Beweglichkeit und Lebendigkeit; seine freundlichen Gesichtszüge, sein helles klares Auge, seine Leutseligkeit waren gleich beim ersten Begegnen gewinnend; man hatte keinen Künstler nach modernem Schnitt vor sich, voll Selbstbewußtsein, Kunststolz, absprechendem Vortheil über Fachgenossen – Silcher war gar kein Künstler, aber er hatte die Kunst lieb mit allem Feuer seiner Seele und hat ihr, neidlos das Verdienst eines jeden Meisters anerkennend, gedient mit allen seinen Kräften. Und reichlich war er mit Kräften ausgestattet; nicht nur mit entschiedenem, allgemein anerkanntem Musiktalent, sondern dasselbe wurde getragen und gehoben von tüchtiger Bildung und einem reichen Gemüthsleben. Das freundliche und sanfte, fast weiche Wesen, das den Jüngling allerorts so beliebt gemacht hatte, blieb auch dem Manne und dem Greis unverändert eigen. Die schwäbische Gemüthlichkeit hatte in ihm, einem ächten Sohn des Volks, einen sprechenden Ausdruck gefunden; daher fühlte er sich auch Zeitlebens auf dem Gebiet der Tonkunst so sehr angezogen von der gemüthlichen Seite derselben, besonders von der Lyrik, und zwar im volksthümlichen Gewande. Daß aber Silcher trefflicher Lehrer gewesen, daß er als solcher besonders durch zwei große Vorzüge sich ausgezeichnet, durch lichtvolle Klarheit und durch den feinstgebildeten Geschmack, das bezeugen alle seine Schüler von den vielen studentischen Generationen her, darin sind nicht weniger als alle Mitglieder und Zuhörer der Tübinger Liedertafel und des Oratorien-Vereins einig, wie es ihm überdieß zu besonderem Ruhme nachgesagt werden muß, daß er, wie nicht leicht ein Lehrer in seiner Stellung, ein vorzügliches Geschick hatte, mit der oft gar burschikosen, wider allen Stachel löckenden akademischen Jugend umzugehen und sie für alle seine Zwecke bei gutem Willen zu erhalten. Und wahrlich, der Dank ist nicht ausgeblieben; bei seinem Rücktritt vom Amte gab ihm die

Studentenschaft aufs Schönste zu erkennen, wie sehr sie den Mann ehre, der mit einer wahren Künstlerbegeisterung für alles Edle und Schöne das treueste Gemüth und einen in des Wortes bester Bedeutung wahrhaft kindlichen Sinn verband."

GEMEINSAMKEITEN UND WIDMUNGEN

Zwei für das Schulwesen, für die Ausbildung des Theologennachwuchses und für die Kirchenmusik ganz Württembergs maßgebliche Persönlichkeiten waren Silchers Schüler Christian Palmer und Carl Grüneisen. Eine besonders enge und herzliche Freundschaft, getragen von gegenseitiger Hochachtung und Wertschätzung, verband Silcher mit dem Universitätsprofessor Christian Palmer. Als musikalisch hochbegabter Theologiestudent kam Palmer 1824 nach Schöntal in das „niedere Seminar", und damit bereits auch in die musikalische Obhut Silchers. 1828 trat er ins Evangelische Stift in Tübingen ein und wurde wegen seiner großen musikalischen Begabung und Zuverlässigkeit bald zum „Musirektor" am Stift, eine Vertrauensstelle für besonders begabte Stiftler. Sie mußten den „Musikkasten" (den Notenschrank) und die Instrumente betreuen und gleichzeitig dem „Musikdirektor" (damals Silcher) helfend bei den Proben und Aufführungen zur Seite stehn. Schon bald, er war ein glänzender Pianist, hatte er ein „Musikkränzchen" auf der „Wartburg" (der Name der Stube im Stift) gebildet, mit dem er musizierte. 1829 war er Mitbegründer der „Liedertafel". Als er nach mehreren beruflichen Stationen 1847 nach Tübingen zurückkehrte, wurde er Gesell-

Christian Palmer (1811–1875), Schüler und Freund Silchers

schaftsdirektor des „Oratorienvereins" und schrieb bis
1860 dessen Protokollbücher, die für die Geschichte
dieses für das Tübinger Musikleben unter Silcher so
bedeutenden Klangkörpers von besonderer Bedeutung waren.

Trotz gelegentlicher Kontroversen über den vierstimmigen Choralgesang in den Kirchengemeinden,

die in höchst fairer Weise in der Öffentlichkeit ausgetragen wurden, wurde dieses freundschaftliche Verhältnis nie getrübt. Palmers Frau Wilhelmine, geb. Bossert, war auch Schülerin Silchers und führende Sängerin im Oratorienverein. In ihrem musikliebenden elterlichen Hause fand die Uraufführung von Silchers Singspiel „Die kleine Lautenspielerin" statt.

Ein Beipiel dieser engen Freundschaft und inneren Harmonie, die Silcher mit Palmer verband, gibt eine Erzählung der Tochter Palmers wieder, die sie dem Silcherbiographen A. Bopp mitteilte. Hierüber berichtet Bopp: „Bei einer zu Ehren eines berühmten norddeutschen Gastes im Hause Palmer veranstalteten Abendgesellschaft war auch Silcher zugegen. Im Laufe der Unterhaltung entwickelte der fremde Gast eine staunenswerte Gabe, über alle möglichen ihm gestellten Themen in ausgezeichneten rednerischen Improvisationen sich zu verbreiten. Als nun einer der Anwesenden den Wunsch aussprach, zur Abwechslung auch eine musikalische Improvisation hören zu dürfen, und man angesichts des abendlichen Himmels die Melodie ‚Weißt du, wieviel Sterne stehen?' als Thema wählte, setzten sich die beiden Musiker, Palmer und Silcher, an den Flügel und gaben aus dem Stegreif in vierhändigen Variationen über dieses Lied eine feine Probe musikalischen Könnens und Sichverstehens."

Christian Palmer blieb sein Leben lang mit Silcher verbunden und sprach auch die bedeutende Grabrede zu Silchers Beerdigung, bei der er u. a. auch sagte: „Vieles von dem, was wir zu unserem besten Besitztum an geistigen Gütern rechnen, ist uns aus seiner (Silchers) Hand zugeflossen."

Ein „Stiftler" (1819–1823) und Schüler Silchers war auch der für das damalige Kirchen- und Schulwesen maßgebliche Carl Grüneisen (1802–1878), Oberhofprediger und Oberkonsistorialrat. Er und Silcher arbeiteten gemeinsam bei der Württembergischen Gesangbuchreform 1841 und bei der Choralbuchreform. In einem persönlichen Brief an Grüneisen mit einem Bericht über eine Sitzung der „Tübinger Choralbuch-Commission", deren Mitglied auch Silcher war, schreibt dieser in scherzhafter Weise: „Verehrtester Freund ... die ganze Sache ist ohne Duell abgelaufen, obgleich bisweilen lebhaft diskutiert wurde ... Dein aufrichtiger Freund. Silcher."

„Seinem lieben Freunde Grüneisen und dessen Gattin, Fr. Silcher" widmete Silcher in ihrem „Notenstammbuch" das Duett für Sopran, Tenor und Klavierbegleitung „Liebe denkt in süßen Tönen", nach einem Gedicht von Ludwig Tieck. Und 1834 widmete Silcher dem Freunde seine „3 Lieder aus der Frithjofs-Sage", nach einem Text von Esaias Tegnèr. Er vertonte mehrere Gedichte von Grüneisen, u. a. in den „Sechs Liedern" op. 12,2, 1828, die seinem Schüler Julius Benedict gewidmet waren. Auch fügte Grüneisen auf Wunsch Silchers dem alten deutschen Volkslied „Du mein einzig Licht" eine zweite Strophe („Meine Heimat du") hinzu (in op. 28, Heft III, Nr. 11, 1838, und op. 31, Heft VI, Nr. 2, 1839).

DER ABGEORDNETE UND DIE MUSIK SILCHERS

Ein als Politiker und Publizist, als Abgeordneter im Württembergischen Landtag und im Deutschen Reichstag sowie als Leiter des „Schwäbischen Merkur" weit über die Grenzen Württembergs hinaus bekannter Schüler Silchers war Dr. Otto Elben, der Mitbegrün-

der und erste Präsident des „Schwäbischen Sängerbundes" (1849) und erste Präsident des „Deutschen
Sängerbundes" (1862). Er bewies der deutschen Män-
nergesangbewegung sein besonderes Interesse mit
seinem Buch „Der volkstümliche deutsche Männergesang" (2. Aufl. 1887). Wir erwähnten ihn bereits im
Zusammenhang mit Silchers Bearbeitung von Schuberts „Lindenbaum". Während seiner Ausbildung bei
Bädeker in Koblenz hatte Elben auch Gesangunterricht genommen und war von seinem Lehrer besonders mit Schubertliedern bekanntgemacht worden.
Und so hat er Silcher veranlaßt, den „Lindenbaum" zu
einem Volkslied zu bearbeiten. Auch stiftete er dem
„Stuttgarter Liederkranz" eine Schubertbüste.

In seinen „Lebenserinnerungen" (hrsg. 1931) schrieb
er über Silcher:

„In andere Kreise führte die Musik. Fast das erste war
die Bildung eines Quartetts. Stud. Stockmayer, des
Generals Sohn, rief dasselbe zusammen. Der alte
Jugendfreund aus der Elementarschule und dem
Kunzschen Singunterricht, Th. Köstlin, sang mit einer
noch ungebrochenen Altstimme den ersten Tenor,
Stockmayer den zweiten, ich den ersten Baß und der
Stiftler Immanuel Faißt, mit dem Stockmayer in Schöntal zusammen gewesen, den zweiten Baß. Das war
Faißt, der gründliche, hochbegabte Musiker, den ich
hier zuerst kennen lernte und der als Freund in meinem Leben eine so bedeutende Stelle einnehmen
sollte. Silcher und Faißt waren in diesen Jahren die Mit-
telpunkte allen musikalischen Strebens in der Musenstadt. Unser Quartett machte uns viel Freude; wir sangen, was uns damals in die Hände fiel. Wir musizierten
überhaupt viel mit Faißt, er spielte uns Sinfonien in
Haydn-Mozartschem Stil, von ihm schon in Schöntal
komponiert, Klavierkompositionen, Lieder vor, und

Otto Elben (1823–1899), Politiker und Journalist

wir waren von der Begabung des jungen Freundes ent-
zückt. Ich suchte damals nachzuholen, was noch möglich wäre, nahm Klavierstunden bei Faißt, Singstunden bei Silcher. Franz Schubert, von dem ich bloß Lieder kannte, lernte ich nun auch auf dem Klavier kennen, z. B. die Fantasie in G-Dur op. 78.

Selbstverständlich waren wir alle Mitglieder der Liedertafel. Was war diese Schöpfung Silchers für alle Sänger aus jener Zeit eine Quelle der reinsten Freude und unvergeßlichen Erinnerung! Silchers eigenartige Begabung durchdrang das Ganze; er war kein eigentlicher Fachmusiker, seine Unsterblichkeit liegt, was wir damals noch nicht wußten, im Volkslied, seine von anderen nicht erreichte Wirksamkeit lag in seinem Geschick, die jungen Leute zu fesseln und zu begeistern. Ein Chor von der eigentümlichen Frische und dem Schwung der Liedertafel unter Silcher wird nicht so bald wieder erstehen, obwohl verschiedene seiner Nachfolger ihn musikalisch weit übertrafen und heutzutage viele Liederkränze weit besser singen als wir damals. Eines der ersten Lieder, das ich mitsang, war das ganz neue ‚Es geht bei gedämpfter Trommel Klang‘. Sich selbst als Komponisten nannte Silcher nie; erst viel später hat er sein geistiges Eigentum für sich in Anspruch genommen. Daher war auch so lange nicht bekannt, daß er der Tonsetzer der wundervollsten Volkslieder gewesen. Der Tonvorrat der Liedertafel war ein ungemein reicher: einmal Silchers eigene Lieder, Volkslieder und anderes; den alten Bardenchor ‚Ehrenvoll ist er gefallen‘ mußte man vom Meister selbst geleitet hören; meist fehlt heute die Überlieferung von ihm her. Dann hatten wir den ganzen Singstoff der damaligen Literatur. Dazu eine Menge Bearbeitungen Silchers von allem Möglichen. Wir lernten so vieles kennen, z. B. große Opernszenen aus Freischütz, Marschners Templer und Jüdin. Manchmal ging er vielleicht zu weit hierin, wenn etwa ein Tenor eine Sopranpartie übernehmen mußte. Wir waren hoch erbaut und sangen die Solopartien, wenn wir sie bekamen, und Chöre mit wahrer Andacht. Alle vier Wochen war eine offene Liedertafel, ein kleines Konzert, zu dem sich die Familien stets zahlreich einzufin-

den pflegten. Im Sommer fand das jährliche Stiftungsfest statt, viertägig und eine große Hauptaktion. Das
erste war das Kränzeflechten; die schönen Mädchen
der Musenstadt sammelten sich im Museumssaal und
flochten unter Beihilfe der Sänger die Gewinde für das
Fest. Am Hauptfesttag fand eine offene Liedertafel,
ausgestattet mit dem Besten, was zu bieten war, statt.
Wer da ein Solo errang, der war glücklich. Am zweiten
Abend folgte das Privatfest der Sänger, bestehend in
einem Nachtessen. Der wichtigste Augenblick war das
Kreisen des mit edlem Wein gefüllten Pokals, und hier
war es ein Hauptstolz, den Pokal auf einmal zu leeren.
Bezeichnend für die damalige Zeit war es doch, daß
nur der eine Trinkspruch auf Meister Silcher aus-
gebracht wurde, den er dann regelmäßig mit den Worten erwiderte, er könne keine Worte finden, um seinen
Dank auszusprechen. Es mochte aber überwiegend
Schüchternheit der Sänger sein, was dem Schweigen
zugrunde lag. An der Würze der Tafellieder fehlte es
nicht. Endlich kam noch der Liedertafelball. Einmal fiel
mir die große Rolle zu, vortanzen zu dürfen. Faißt, der
Vorstand, war da nicht so zu Haus wie auf den Instrumenten; als Ausschußmitglied bekam ich den Auftrag.
Als Nachfeier reihte sich ein Ausflug, in der Regel nach
Niedernau, an ...
    Und nun nochmals zu den herrlichen Stunden in der
akademischen Liedertafel in Tübingen. Das war ein
poetisches Treiben, umrankt von den Blütenzweigen
jugendlicher Begeisterung und geleitet von einem,
wie er ein zweites Mal kaum sich findet. Silchers
unsterbliches Verdienst sind seine Volkslieder, zumal
seine eigenen Erfindungen auf diesem Felde. Dann
aber war er ein Leiter jugendlicher Begeisterung, voll
Originalität, voll Hingebung an die Jugend, selbst ein
kindlich reines Gemüt. Wir sangen entfernt nicht so

schön wie man es heutzutage versteht, aber kräftig, voll Feuer und voll Hingabe an den Leiter und an die schöne Sache. Silcher legte für die Liedertafel Sammlungen herrlicher Gesänge an; viele der unsterblichen Volkslieder entstanden in jener Zeit, oder wurden von ihm gesammelt. Auf Schuberts ‚Lindenbaum' habe ich den Meister damals aufmerksam gemacht, ihm auch manches zugetragen, wie ‚Mädele, ruck'. Zelter, Weber, Schneider, Kreutzer und andere kräftige Meister wurden mit Vorliebe gesungen. Wir waren mit all dem glücklich. Silcher war auch ein Mann des feinsten Humors; man kam ihm deshalb auch nahe, für ihn wären wir durchs Feuer gegangen. Die treueste Freundschaft habe ich mein Leben lang dem herrlichen Menschen Silcher und auch seiner Familie bewahrt. 1889 habe ich ihm am 100. Geburtstag einen warmen Nachruf gewidmet."

Ein Taktstock von Ebenholz

Anläßlich des 75jährigen Jubiläums der Tübinger Liedertafel im Jahre 1904 erschienen die „Erinnerungen eines alten Liedertäflers" in der „Schwäbischen Kronik" des „Schwäbischen Merkurs". Hier entwarf ein Schüler Silchers, leider ohne Namensnennung, ein lebendiges Bild der Liedertafel und auch Silchers. Über ihn schrieb er u. a.:
„Silcher war der musikalische Leiter, und, wie die Liedertafel seine Schöpfung war, so war er in Wirklichkeit ihre Seele, ihr belebender Mittelpunkt. Man folgte ihm um so williger, als er eine kluge Zurückhaltung bewahrte und scheinbar bloß seine Dienste dem Ver-

ein widmete, der ihm besonders ans Herz gewachsen war. Silcher war damals noch in voller Kraft, in seiner vollen Reife. Er hatte das 60. Jahr überschritten, aber man sah ihm das nicht an. Er gehörte zu den Naturen, die sich unverändert gleich bleiben, und vielleicht trug dazu auch der Umstand bei, daß er es immer mit jungen Leuten zu tun hatte und mit jeder Generation gleichsam wieder jung wurde. Er war schlank, von feiner elastischer Gestalt; der bartlose, mit einer Perücke bedeckte Kopf, der immer in einer tadellos weißen Halsbinde steckte, war leicht geneigt und hatte einen sinnigen, fast kindlichen Ausdruck. Die freundlichen, wohlwollenden Züge luden zu offenem Vertrauen ein. Wie ein älterer Freund wußte er die Jugend zu behandeln, ihre Schwächen und Eitelkeiten nachsichtig schonend, niemals durch Pedanterei abstoßend oder durch herrisches Wesen verletzend. Er hat wohl überhaupt Niemanden je verletzt. Es war nicht leicht, eine Schar von Studenten, die sich in ihrer ganzen Wichtigkeit fühlten, die jedem Zwang widerstrebten, einträchtig zusammenzuhalten. Möglich, daß er unter anderen Umständen nicht alle für einen Dirigenten erforderlichen Eigenschaften besaß. Das Feldherrnmäßige, das sonst einem Musikdirektor wohl ansteht, ging ihm ab. Von der Natur mit einer fast übermäßigen Bescheidenheit ausgestattet, konnte er eine gewisse Ängstlichkeit nie überwinden. Aber daß er gerade diejenigen Eigenschaften besaß, die ihn zur Leitung eines jugendlichen Vereins besonders befähigten, hat sich erst recht nach seinem Hingang gezeigt.

Das Geheimnis seines Erfolges war zuletzt die selbstlose Hingabe an die Kunst, mit der er auch seine Sänger zu erfüllen verstand. Es gab ja wohl Störungen, Mißhelligkeiten, die aus dem Studentenwesen sich ergaben, und die bei einer aus verschiedenen Verbindungen zusammengesetzten Körperschaft fast unvermeidlich waren, aber da war die milde, ausgleichende Art Silchers, sie immer oder fast immer zu überwinden, weil sie eine natürliche Autorität ausübte, die sich doch nicht als solche fühlbar machte. Alle waren ihm in herzlicher Verehrung zugetan, und die Liedertafel wurde jedem eine Herzenssache. (...)

Am Freitag aber fand das Festmahl statt, der Schluß und Höhepunkt des ganzen Festes. Hier war die Liedertafel wieder unter sich mit ihrem Silcher. Es war sozusagen Silchers Ehrentag. Hier empfing er aus den Händen des Vorstandes den höchst bescheidenen Ehrensold für seine Bemühungen um den Verein, und darauf pflegte er in einer Rede zu antworten, die alle höchlich überraschte, die den sonst so scheu Zurückhaltenden und öffentliches Auftreten vermeidenden Mann zum erstenmal im Kreis seiner jungen Freunde reden hörten. Einmal im Jahre überwand er diese Scheu. Wenn auch bis zu dem entscheidenden Augenblick seine Befangenheit in Mienen und Gebärden deutlich zu lesen war – sobald er an das Glas geklopft hatte, war das vorüber, und ohne Stockung perlte die Rede heraus voll seiner Wendungen, witziger Anspielungen und so voll treuherziger Wärme, daß alles elektriziert war und dem Meister begeistert zujubelte. Und dann kreiste der nur an diesem Tag gebrauchte, edle Pokal mit dem gewählten Festwein, wozu jeder einen kurzen Spruch oder einen gesungenen Vers zu spenden hatte. Silcher aber genoß, wenn seine Rede vorbei war, in stiller Freude das Glück dieser Stunden und hielt aus, so lange die um ihn gescharte Jugend aushielt. Den Abschluß des Jubelfestes und der Ehrungen der Liedertafel für ihren Silcher bildete die Widmung eines Taktstocks von Ebenholz mit eingelegtem Silber.

Wer bei Silcher Privatstunden nahm, lernte ihn bei diesem Unterricht noch mehr in seiner liebenswürdigen Art, als hilfreichen, gefälligen Lehrer kennen, der nie die Geduld verlor, der sich wie der ältere Freund zum Schüler stellte. Zu Hause war er stets im Schlafrock, und so empfing er auch den Schüler, den er an seinem Tafelklavier begleitete. Die Wände des einfachen Zimmers schmückten Zeichnungen und Malereien von seiner Hand, die in ihrer kindlich anmutigen, etwas altmodischen Art gleichfalls ganz das Wesen ihres Urhebers widerspiegelten. In seiner Jugend hatte Silcher zwischen dem Beruf des Künstlers und des Musikers geschwankt. Es war keine Anstrengung, sondern eine Freude, bei ihm zu lernen. Natürlich war es dabei nicht auf einen methodischen, berufsmäßigen Unterricht abgesehen. Es kam nur darauf an, die natürlichen Stimmittel aus dem Rohen herauszuheben, von den anhaftenden Schlacken zu befreien. Deutliche Aussprache und ein einfacher ungezierter Vortrag waren die Hauptsache. Der Unterricht war eigentlich mehr ein negativer: Ablegung übler Angewöhnungen und Geschmackswidrigkeiten. Allerdings verlangte er auch einen beseelten Vortrag, und er konnte gelegentlich scherzen: ,Wenn Sie einmal verliebt sind, wird das ganz anders herauskommen.' Im Anfang ließ er wohl Solfeggien singen, aber man durfte sich bald an Liedern versuchen, und auch hier blieb das Einfache, Volksmäßige die Grundlage. Das erste Lied, das ich mir in mein Heft schrieb, war das von ihm komponierte: ,Frithjofs Abschied'. Von Mendelssohn ließ er mit Vorliebe singen, einiges von Weber, von Spohr, E. Zumsteeg (das Ulrichslied), von Schmidt (Schilflieder), dann von Curschmann, Feder, Balladen von Reißiger usw., wie man sieht, auch für die 5oer Jahre ein etwas zurückgebliebener Geschmack.

Von Schubert und Schumann lernte man nur wenige Lieder kennen, nichts von Löwe, Franz, auch nicht von Beethoven. Man mußte aber immer bedenken, daß Silcher es mit jungen Leuten zu tun hatte, die z. B. für die tieferen Gesänge Schuberts noch kein Verständnis gehabt hätten."

BEGEGNUNGEN IN WILDBAD

Als Silcher im Juli 1860 zur Kur nach Wildbad ging, begab er sich bei einem alten Freund, dem Hofrat Dr. C. von Burkhardt am Katharinenstift in Wildbad, in Behandlung. Burkhardt war Mitglied der Tübinger Liedertafel und sogar von 1840/41 deren Vorstand. Ihm widmete Silcher sein Lied „Mei Maidle hot e G'sichtle", mit der Bemerkung: „Für H. Hofrath Dr. Burkhardt, ein treffliches Mittel, kranke, saure Bad-Gesichter auch ohne Arznei ins Lachen zu bringen. Ihr alter Freund Fr. Silcher." Das schrieb er kaum mehr als einen Monat vor seinem Tode im August 1860.

Burkhardt muß ein guter Baß-Sänger in der Liedertafel im Jahre 1834 gewesen sein, weil er auch unter deren Solisten (als med. stud.) von Nägele genannt wird.

Silcher hatte dieses seinem Freund gewidmete Lied in seinen Volksliedsammlungen für 1–2 Singstimmen, Heft VII, Nr. 6, op. 64, 1854, in der Volksliedsammlung für vier Männerstimmen, Heft XII, Nr. 8, op. 65, 1855, und in seinen „Vierstimmigen Volksliedern für gemischten Chor", Heft II, Nr. 5, o. D., herausgegeben. In der Ausgabe für 1–2 Singstimmen schreibt er im Vorwort: „Gedichtet in der pfälzischen Mundart von Franz von Kobell. Um den Text dem allgemeinen Ver-

Der Marktplatz des Kurortes Wildbad

ständnis näherzurücken, hat man sich hier gestattet, die schwierigeren Wortformen des pfälzischen Dialektes zu beseitigen. Melodie vom Herausgeber." Interessant ist, daß Silcher dieses Lied nicht als Sololied, sondern von Beginn an als Volkslied bezeichnet und nur in seine Volksliedsammlungen aufgenommen hat. Seiner Schülerin Emma von Knoll macht er in einem Brief vom 6. 3. 56 genaue Angaben über den Vortrag dieses Liedes. Dort schreibt er u. a.: „Vom Vers 3 muß man die 2. Hälfte – Eins, du lieber Himmel, se hot kei Kreuzer Geld! ... etwas langsamer und traurig vortragen u. am Schluß des Ganzen das heitere Nachspiel deswegen wegbleiben."

Bei seinem Kuraufenthalt in Wildbad begegnete Silcher vielen interessanten Persönlichkeiten, unter diesen auch Georg Ebers (1837–1898), dem bedeutenden Ägyptologen und Verfasser vieler spannender archäologischer Romane. In seiner „Geschichte meines Lebens" (1893) erzählt er:

„Wollte ich die Menschen aufzählen, die ich hier kennen lernte, und denen begegnet zu sein ich mir zum Gewinn rechne, es gäbe eine stattliche Liste. Von einigen habe ich später zu reden; in den ersten Jahren war es besonders der Liederkomponist Silcher aus Tübingen. Silcher gesellte sich uns häufig. Er war ein besonders liebenswerter Greis. Mit der bescheidensten äußerlichen Schlichtheit verband er eine zarte, ihm durchaus natürliche Sinnigkeit. Und doch hatte er viel mit dem Volke verkehrt und kannte sein Gemüt so gründlich, daß die Lieder keines andern Komponisten so sicher den Weg in sein Herz fanden. Manche, wie ‚Zu Straßburg auf der Schanz', ‚Ich weiß nicht, was soll es bedeuten', ‚Morgen muß ich fort von hier' und Simon Dachs ‚Aennchen von Tharau ist's, die mir gefällt', werden von vielen für Volkslieder gehalten, und doch sind sie Silchers eigenstes Eigentum. Es war eine wahre Freude, ihn sie unserem kleinen Kreise mit dem schwachen Greisenstimmchen vorsingen zu hören. Er zählte damals an siebzig Jahre, doch die frische Lebhaftigkeit dieses übrigens in Sprache und Bewegung gleich gelassenen Mannes hätte ihn für jünger zu halten gestattet. Die ritterliche, aus dem Herzen kommende Höflichkeit, die er Damen erwies, hatte etwas ungemein Gewinnendes und gefiel den norddeutschen Frauen besonders, weil sich in ihrer Heimat dergleichen nur selten mit einem so schlichten Äußeren und einem so bescheidenen Wesen paart."

SILCHER WAR EIN MUSIKUS EXTRAORDINARIUS

Bei allen Schülern, die über Silcher berichteten, scheint immer wieder eine herzliche Verbundenheit mit und Hochachtung für Silcher durch. Nicht minder klingt aber auch seine Aufgeschlossenheit für die studentische Fröhlichkeit in einem ungezwungenem Verkehr mit diesen jungen Menschen an. Ein heiteres Gedicht über Silcher, das Paul Kauffmann verfaßt haben soll, möge hier wiedergegeben werden:

Silcher war ein Musikus
Extraordinarius,
Dieses weiß man fern und nah,
Selbst in Nordamerika.
Silcher war indes dabei
Außerdem noch mancherlei.
Was er noch gewesen sei,

Sagt euch diese Litanei.
Silcher war ein Demokrate
Und dies in sehr hohem Grade;
Lieder schrieb er für das Volk
Nun bereits in zwölfter Folg'.
Schreiner aber auch dabei
War der Silcher. Meiner Treu!!
Wer hat vor ihm existiert,
Der Liedertafeln fabriziert?
Auch ein Jäger muß er heißen,
Wie ich sogleich will beweisen;
Er dressierte flink und stracks
Einen Oratoriendax.*
Nagelschmied auch, wie mir deucht,
Ist der Silcher unerreicht.
Ist es nicht ganz kolossalisch,
„Stifte" macht er musikalisch!
Selbst ein Arzt ist er für Irre,
Sei der Geist auch noch so wirre;
Denn der rasend' Ajacid
Singt ihm ein harmonisch Lied.
Doch am allerhöchsten noch
Hat er es gebracht als Koch;
Sein „gedämpfter" Trommelklang
Ist ein Speis vom ersten Rang.

* Dax: burschikoser Ausdruck für Verein

OTTILIE WILDERMUTH

Die schwäbische Schriftstellerin Ottilie Wildermuth,
geb. Rooschütz (1817–1877), die vor allem durch die
Schilderung des schwäbischen Pfarrhauses und mancher Idylle der Kleinstadt bekannt wurde, aber auch
als eine der ersten Frauenschriftstellerinnen die Welt
der Frau in ihren Romanen und Novellen darstellte
und zugleich eine viel gelesene Jugendschriftstellerin
war, gehörte zu dem großen Freundeskreis Silchers
und seiner Familie. In ihrem Briefwechsel mit Justinus
Kerner schreibt sie zu dem Liederfest, das 1857 in
Tübingen unter der Leitung Silchers stattfand: „Unsre
Tübinger sind alle in eine gelinde Raserei über das
bevorstehende Liederfest gerathen – man soll die
Häuser dekorieren, führt ganze Wagen voll Tannen-
grün aus den Stadtwäldern, um die sich die Leute
nachher todtschlagen, alle Mägde wollen Festdamen
werden, den Schloßbrunnen haben sie mit Sängerge-
rüsten zugebaut, daß die armen Schloßbewohner ver-
dursten müssen, alle Holzspälter sind Festordner, alle
Kälber sollten jetzt acht Füße haben, weil jedermann
Kalbsschlegel will. ...Vor den Studenten haben die
jungen Mädchen heutzutage gute Ruh, die romantischen Zeiten sind vorüber, wo es noch Jünglinge gab,
die eröthend ihren Spuren folgten und sind von
ihrem Gruß beglückt, wir haben nur noch junge Leute,
die nicht der Brüder wilde Reihen fliehen, sondern im
Gegenteil in die Kneipe."
Als man im Jahre 1874 in den Anlagen hinter der Aula
der Universität Tübingen das (leider heute spurlos
verschwundene) Silcherdenkmal einweihte, waren es
ihre Verse, die dieses Denkmal schmückten:

Die alten goldenen Lieder,
Die Klänge aus Volkes Mund,
Du hast sie gefaßt in Töne
und gabst sie der Jugend kund.
Daß neu ein Singen und Klingen
In Berg und Tal erwacht;
Drum sei in Ehren und Treuen
Des Meisters der Töne gedacht!

LEBENSSTATIONEN —
BRIEFE VON SILCHERS HAND

Eine kleine Auswahl

Die Briefe Silchers spiegeln meist ein herzliches, freundschaftliches Verhältnis zu seinen Briefpartnern wider. Nicht nur mit seinen Schülern und Schülerinnen korrespondiert er in dieser oft sehr aufgelockerten Weise, sondern auch mit Kollegen, die er mit viel Hochachtung behandelt. Leider sind bisher fast nur die Briefe von Silcher selbst gesammelt worden, nicht aber die seiner Korrespondenzpartner, so daß wir von einem Briefwechsel bislang kaum reden können. Charakteristisch für Silchers Briefe ist, daß sie meistens mit der Bemerkung „in großer Eile" bzw. „in größter Eile" schließen. Seinem Freund Fritz Weizsäcker schreibt er einmal (1839): „Nur müssen Sie verzeihen, wenn es etwas eilend geschieht. Denn ich habe mit jedem Tag mehr zu tun. Von morgens 8 Uhr bis abends 8 Uhr Stunden geben, zwischen hinein komponieren, Briefe schreiben, Gedichte, die von allen Seiten herein kommen, von Weinsbergs Rebenhügeln (J. Kerner) und der württembergischen obersten Alb, von Laichingen, mit der Bitte um Melodien; ferner Kirchenmusiken, Kranzmusiken, Liedertafeln, Volksliederhefte fabrizieren, Kompositionen rezensieren, Oratorien einüben usw. usw. Kurz und gut, das wissen Sie alles ganz genau."

Am Anfang der hier wiedergegebenen kleinen Auswahl steht der früheste der bisher bekannten Briefe Silchers (vom September 1814), den er von seiner Reise nach Frankfurt zur Grunerschen Musterschule an seinen Lehrer Nikolaus Ferdinand Auberlen in Fellbach schrieb. In diesen Zeilen offenbart sich eine große Aufgeschlossenheit des jungen Silcher für alles, was ihm auf dieser Reise begegnete. Der Brief an seine Schwie-

germutter Rosine Enßlin gibt ein schönes Stimmungs-
bild eines Besuches Silchers mit seiner Frau in seinem
Heimatort Schnait, gewürzt mit einem für ihn charakteristischen Humor.

Die beiden Schreiben an Hoffmann von Fallersleben, mit dem er in einem regen fachlichen Briefver-
kehr stand und der ihn auch in Tübingen besuchte,
geben interessante Aufschlüsse über sein Volkslied-
schaffen und damit zusammenhängende Fragen. Und
in dem Brief an den Metzler-Verlag ist die Arbeitsmoti-
vation Silchers sehr schön zu erkennen: warum er
Volkslieder sammelte und sie der Öffentlichkeit vorstellen wollte.

Die beiden Briefe an seinen Schüler Paul Kauffmann
zeigen zum einen Silchers phantasiereichen Humor,
zum anderen seine Empfindungen angesichts der
Ehrungen, die er bei seinem Ausscheiden aus dem
Amt erfuhr. Den gleichen Humor bezeugt ein Brief an
seine Lieblingsschülerin Fanny Treßler, mit der und
mit deren Familie Silcher und seine Frau eine herzliche
Freundschaft verband.

Die Schreiben an König Wilhelm I. und an Silchers
Nachfolger Otto Scherzer stellen so etwas wie ein
Resumée seiner über vierzigjährigen Tätigkeit in
Tübingen dar, eine Bilanz auch seiner Erfolge.

Es gibt darüber hinaus noch eine Fülle von Mittei-
lungen Silchers an Schüler, Freunde und Kollegen, mit
Stellungnahmen zu den verschiedensten Fragen der
damaligen Musiksituation, zum Volkslied, die auch
manchen praktischen Rat für seine Schüler enthalten.
Ausschnitte aus diesen Briefen wurden bereits in den
vorangegangenen Kapiteln zitiert.

Die Reise nach Frankfurt

Silcher an Nikolaus Ferdinand Auberlen, Schullehrer
und Organist in Fellbach bei Stuttgart:

Ludwigsburg, am Sept. 1814

Verehrungswürdiger Herr!

Schon lange habe ich mir vorgenommen, Sie zu
besuchen; aber selbst in meinen Erndferien, wovon ich
im Voraus schon einige Tage für Fellbach bestimmt
hatte, konnte oder ließ man mich vielmehr nicht dazu
kommen. Was eine größere Reise, die ich in der Vakanz
unternommen habe, mir an Zeit noch übrig ließ,
wurde bei meiner Zurükkunft von neuen Geschäften
wieder in Anspruch genommen, und so durfte ich
diesmal weder Schnaith noch Fellbach sehen.

Mit dem ersten Tage der wohlthätigen Vakanz
machte ich mich nämlich, den Stock in der Hand, und
den Büchsenranzen an der Seite, auf den Weg, um das
vielgepriesene Heidelberg, und wenn es seyn könnte,
die Bergstraße, Darmstadt und Frankfurt zu sehen. Ein
heiterer Himmel schien meine Reise begünstigen zu
wollen. Als ich nach Heilbronn kam, traf ich ein
Gefährt u. eine angenehme Gesellschaft, mit der ich
nach Heidelberg reisen konnte, und der Weg dahin,
von welchem ich mir vor meiner Abreise ein Kärtchen
von Ludwigsburg bis Frankfurt gezeichnet hatte,
wurde glücklich zurückgelegt. Ich hatte mir von diesem Orte und seiner Gegend, von welcher ich schon so
viel gehört, gelesen, auch Zeichnungen gesehen hatte,
ein schönes Gemälde im Geiste entworfen, aber noch
weit schöner fand ich es in der Wirklichkeit u. gern
verabschiedete ich meine ersten Ideen davon. Von
Neckar Gmünd an bis Heidelberg vereinigt sich alles,

der schöne Strom, die herrliche Vegetation, Felsen-
massen etc. um die Gegend höchst malerisch zu
machen.

Nach meiner Ankunft in Heidelberg ging ich sogleich auf das Bergschloß, dessen Trümmer von alter
Größe u. Herrlichkeit zeugend stolz auf die freundliche Stadt herunter schauen. Ruinen derart habe ich
nirgends gesehen, nirgends einen so erhabenen Styl –
das Ganze so groß gedacht und ausgeführt, und zugleich von der Natur mit dem üppigsten Grün so ...
verschönert! Jeder Schritt gibt wieder eine neue und
immer schönere Ansicht. Die Franzosen haben noch
nie so schön, so herrlich zerstört als hier. In einigen
Stunden war meine Schreibtafel voll gezeichnet. Die
Hälfte eines runden Thurms steht, durch Pulver der
Länge nach herunter gesprengt, noch aufrecht im Gra-
ben. Auf einem andern, dessen Mauern 2/4 Schuhe in
der Dicke haben sollen, u. der einen ungeheuren Rit-
tersaal im obern Stokwerk hatte, ist nun ein Garten,
den man Lustgarten nennt, angebracht. – Im Schloß-
keller sah ich auch das sogenannte Heidelberger Faß,
auf dem bekanntlich ein Tanzboden befindlich ist.

In Heidelberg nahm mich wieder ein Gefährt auf u.
brachte mich bis nach Frankfurt. Es war ein braver
Kaufmann aus Augsburg, mit dem ich den Weg
machen konnte. Er begleitete seine Frau nach Wiesba-
den – ein artiges Weibchen, die mir den langen Weg
durch ihren angenehmen Gesang sehr verkürzte. Die
mit ihren ungewöhnlich großen Nußbäumen besetzte
Bergstraße von Heidelberg bis Darmstadt ist wegen
der unermeßlichen Ebene auf der einen, und auf der
andern Seite wegen der schönen Bergkette u. so mancher Überreste von Schlössern auf derselben, höchst
interessant. In Darmstadt, wo wir uns über Mittag auf-
hielten, hatte ich die neuen Gebäude u. besonders das

herrliche gegen Heidelberg gelegene Thorgebäude, in der Form zweier gegenüberstehender griechischer Tempel mit Kolonaden, zu bewundern. Der Boden hier ist übrigens sandig u. was grün heißt, mager. Während des Mittagessens wurden wir durch einen 4 stimmigen Gesang von Geschwistern vom 10ten bis 15ten Jahr, die aus Dresden hieher kamen, angenehm überrascht. Sie sangen auswendig u. mit vielem Ausdruck die Call'ischen Lieder für Männerstimmen, welche bekanntlich um eine Oktave höher gedacht für ungebrochene Stimmen das gleiche Verhältniß, wie für die unsrigen haben. Es waren schöne, gutgekleidete Kinder, ein Mädchen u. 3 Knaben, durch deren wahrhaft schönen Gesang die Freuden der Tafel sehr erhöht, die aber auch gut dafür belohnt wurden. Zum Schlusse mußten sie mir noch das Call'sche Chörchen: Du holde Freundschaft etc. singen, u. dann war es mein größter Wunsch, sie bei meiner Rückreise noch einmal zu hören, welches auch geschah. –

Nun ging es frisch dem Ziel der Reise, Frankfurt zu. Noch vor Untergang der Sonne kamen wir bei dem bekannten Wachtthurm an, von wo aus das Mainthal u. die Stadt mit ihren vielen Thürmen und ungeheuren Gebäuden, besonders aber der graue majestätische Dom einen besonderen Anblick gewähren. Auf der Mainbrücke, welche das Städtchen Sachsenhausen mit Frankfurt verbindet, sah ich auch noch ein Stückchen von den Verwüstungen, welche die Franzosen bei ihrem letzten Rückzuge anrichteten, als ihnen Gen. Wrede bei Hanau den Abschiedskuß vordonnerte. Es ist eine eingeäscherte Mühle auf einer Insel mitten im Mainstrom, worin sich die Baiern so lange hielten, bis das ganze Gebäude in Flammen stund. –

Da es schon spät war, so eilte ich, meine Freunde, Wezel und Nänny (beide Lehrer an der Musterschule),

Nikolaus Ferdinand Auberlen (1755–1828)

aufzusuchen. Sie wußten nichts von meiner Reise u.
wurden daher um so mehr überrascht, als ich so in
aller Stille mich zu ihnen ins Zimmer schlich. Morgens
früh machten wir zuerst einen Spaziergang um die
Stadt; ich bewunderte die herrlichen Anlagen, die der
Großherzog rings um sie anlegen ließ, so daß man
nichts mehr von den Festungs-Werken sehen kann.

Vor allem aber gefielen mir die außerordentlich schönen und großen Landhäuser, welch die Gärten zieren. Den übrigen Tag brachte ich in der Musterschule zu, wo ich dem Unterricht im Gesange, in der deutschen Sprache, im Rechnen, Schreiben, Lesen, Geographie, Zeichnen u.s.f. beiwohnte. Die Schule hat ein recht gutes Lokale, einen großen Hof mit Platanen besetzt u. einen schönen Garten. Am zweiten Tage sah ich mich in der Stadt um u. staunte über die ungeheure Größe der neuen Gebäude auf der Zeilstraße u. an dem Main hinauf. Viele darunter sind im schönsten antiken Styl erbaut. Das Museum enthält schöne Malereien, besonders haben mich die vortrefflichen Landschaften von Schömberger sehr angezogen. Noch machte ich einige Ausgänge, um die Domkirche, den Römer u. das schöne Denkmal zu sehen, welches den tapfern Hessen errichtet wurde.

Am dritten Tage (einem Sonntage) begleiteten mich meine Freunde nach Offenbach, um die dortige Andrä'sche Musikhandlung und Notenstecherei in Augenschein zu nehmen. Mein Zweck wurde aber nicht ganz erreicht, da Andrä abwesend war. Unterwegs wurde mir auch das Dorf Bergen gezeigt, wo einst unter Marlborough eine merkwürdige Schlacht vorfiel, u. weiterhin links sieht man ein Gebürge, wo die Römer unter Gen. Drusus gegen die Germanier fochten. Am Nachmittage gingen wir auf das benachbarte Dorf Bornheim, wo Kirchweih war. Dieß ist ein eigentliches Fest für die Frankfurter; eine unzählige Menge von Menschen aus allen Ständen strömte den ganzen Nachmittag dahin, und hier hatte ich Gelegenheit, die Frankfurter zu sehen.

Am 4. Tage, als ich mich zur Heimreise anschickte, zeigte sich abermals eine Gelegenheit, mit der ich nach Heidelberg reisen konnte. Es war der berühmte

Landschaftsmaler Graff aus Dresden, welcher eine Reise in die Schweiz machte, und der mich gern in sein Gefährt aufnahm. Dieser mir recht sehr willkommene Gesellschafter war ein bescheidener Künstler, aus dem ich gleichsam herausziehen mußte, was ich wollte. Er hat Italien, Rom, Paris, Berlin und Wien etc. gesehen, da habe ich dann auf unserm 18 Stunden langen Wege manchmal eine Frage an ihn gethan. In Darmstadt übernachteten wir. Vor dem Nachtessen machte ich einige Ausgänge, um das Schloß u. seine Anlagen zu sehen. Auf einmal fiel mir ein, daß unser seliger Abt Vogler hier gelebt habe. Geschwind ließ ich mir seine Wohnung zeigen. Man sagte mir, daß sein alter, treuer Diener, Reiner, allein noch darin anzutreffen sey, u. zwar noch so lange, bis die Versteigerung der Vogler-schen Werke zu Ende wäre. Reiner war ausgegangen. Ich wartete lange im Hofe u. im untern Stocke des Hau-ses u. vergegenwärtigte mir indessen recht lebhaft den Verehrten, sein Leben hier u. seine Verdienste, wovon mir ein Nachbar mehreres erzählte. Reiner kam nicht, u. mein Wunsch, Voglers Wohnzimmer zu sehen, wurde nicht erfüllt. –

Am nächsten Morgen ging es Heidelberg zu, wo wir Abends 4 Uhr ankamen, u. im vorigen Gasthofe zum Carlsberg abstiegen. Sogleich nach der Ankunft führte ich H. Graff, der das erstemal Heidelberg sah, aufs Schloß. Er fand es auch über seine Erwartung u. wir genoßen seinen Anblick 3 Stunden lang in der schön-sten Beleuchtung. Es wurde unter uns beiden aus-gemacht, den nächsten Morgen mit Tagesanbruch hier oben auf dem lieben Pläzchen miteinander zu frühstücken u. den Vormittag mit Zeichnen zuzubrin-gen. Graff weckte mich, u. als wir gehen wollten – – – regnete es.

Nun hatten wir aber schon wieder einen andern Plan

im Kopfe. Wir gingen jetzt in das Haus der Gebrüder Boisères, um die weltberühmte, in ihrer Art einzige Gemäldesammlung aus der niederländischen Schule zu sehen. Dieß sind Kunststücke, die vor einigen Jahren in alten Kirchen in den Niederlanden gefunden wurden. Sie sind größtentheils so alt, daß wir von der Geschichte ihrer Künstler bis jetzt nichts wußten. Daher erstaunt man, wenn der Eigenthümer dem Kunstfreunde erzählt u. beweist, daß sie 100 Jahre vor Raphael gemalt worden seyen, u. noch mehr erstaunt man, wenn nicht nur der Eigenthümer, der übrigens die Sache ganz gut versteht, sondern wenn die ersten Künstler aus Rom u. so viele andere, auch Engländer, behaupten, daß mehrere Stücke davon, in Hinsicht des Kolorits der Zeichnung u. des Ausdrucks, den Raphael'schen an die Seite gestellt werden können. Sie sehen so frisch aus, als wenn sie eben gemalt worden wären, u. 2 englische Maler behaupteten, es seyen mehrere von diesen Farben verloren gegangen. Die fürstl. Personen im letzten Feldzug haben beinahe alle diese Kunstsammlung gesehen. Es ist nur eine Stimme darüber, daß sie sich nicht beschreiben lasse. Die meisten Stücke sind historischen Inhalts u. aus der Bibel genommen. Es sind solche heilige, fromme Köpfe darunter, daß man einen ganzen Tag vor ihnen stehen bleiben könnte. – – –

Nun lernte ich noch den H. Hofrath Weisse, einen geborenen Würtemberger kennen, mit dem ich zu Mittag speisen mußte, wie auch den durch seine herrlichen Erziehungsschriften berühmten H. Kirchenrath Schwarz, worauf mich dann ein Gefährt, das ich in meinem Gasthofe traf, bis nach Ludwigsburg brachte. Der Reisende war ein Staatsmann und wollte nach Wien. Er hat ganz Europa gesehen u. mich durch seine interessanten Erzählungen sehr unterhalten. – – –

Zwölf Tage dauerte meine Reise bei immer blauem Himmel, bis auf eine Stunde Regen, der mir den Staub legte.

Nun bitte ich Sie recht sehr, mir meine Weitläufigkeit zu verzeihen, denn es war meine erste Reise über die Grenzen unseres Reichs.

Das nächstemal gehts in die Schweiz.
Mit aller Hochachtung
Ihr ghrsmster. Silcher.

„MIT LUISE AM FORELLENBACH"

An Frau Rosine Enßlin, Schwiegermutter Silchers, von einem Besuch in seinem Heimatort Schnait (1825):

Geliebte Mutter!
Vor einer Stunde sind wir vergnügt hier angekommen. Die Luise (seine Frau) hat sogleich ihre Geschäftigkeiten hervorgesucht, Baumwollgarn abgehaspelt und – was weiß ich – ich habe ein Stück Apfelkuchen zu mir genommen. Die beiden Schnaither Schwestern haben alles nett hergerichtet. Morgen wollen wir übrigens erst anfangen, in unserem Blütenthal recht eigentlich das Landleben zu genießen. Ich werde mit Luise am Forellenbach hinauf durch das herrliche Thälchen ziehen, bis wir an einen lieblichen Hügel kommen, wo sie ihre Veilchen findet, und ich das Schillersche Sprüchlein aus der „Johanna von Orleans" beten muß: „Ihr Plätze aller meiner stillen Freuden." Ich denk, die Luise wird gern hier sein. Wir sind auch recht freundlich aufgenommen worden. Unser Schlaf-

stübchen geht in den schönen Garten des Pfarrers; morgen früh werden uns die Nachtigallen wecken. Da könnt einem dann leicht Vossens „Louise" einfallen, nur schade, daß der Schulmonarch keinen Brummbaß spielt. Aber gerade so wie in Vossens „Louise" duften die Blumen aus dem Garten des ehrwürdigen Pfarrherrn zu unserem Stübchen herein. Du mußt bedenken, daß wir im südlichen Württemberg sind.

Kaufmann Sattler in Stuttgart, welchem ich mit dem Ballen Tuch einen ängstlich-andächtig-freundlichen Besuch machte, hat auf meinen wohlstudierten und berechneten Vortrag das Tuch mit großen Komplimenten und großer Freundlichkeit wieder aufgenommen. Als er jedoch deine Zeilen gelesen hatte, da wich von seinem Angesicht die Stuttgarter Farbe, die Tübinger jugendliche, sanftrote verbreitete sich auf demselben, während er mich versicherte, daß er (ebenfalls aus Vossens „Louise") solch einer verständigen Hausfrau nicht nur ein Stück Tuch, sondern seinen ganzen Laden auf jene Weise überlassen würde.

Jetzt fallen Louise die Augen zu, und ich muß schließen mit der Bemerkung, daß die Blumen auf Luisens Hut so geschmackvoll hingruppiert sind, als man sie irgendwo in der Welt sehen kann.

Herzlich von uns beiden gegrüßt

D. Silcher.

„DA ICH TÄGLICH BESTÜRMT WERDE"

An den Metzler Verlag, Stuttgart:

Euer Wohlgeboren,
werden nun wohl in Ihrer Reise glücklich zurückgekommen seyn und die Arbeit der Choralstimmen wieder fortsetzen lassen. Ich habe lange keine Correctur erhalten, was mich vermuthen läßt, daß Kocher ebenfalls wieder zurück ist und das Geschäft übernommen hat. Indessen übernehme ich recht gerne von dieser Arbeit u. bitte Ew. Wohlgeboren, mich nicht damit zu verschonen. – – – Mein Freund, Pfr. Scholder in Bergfelden, hat mir vor einigen Tagen auch geschrieben, daß er vor der Hand 50 Stimmen bei Ihnen bestellen werde.

Ich habe seit geraumer Zeit angefangen, die besten alten Volkslieder mit ihren Melodien, theils aus dem Wunderhorn, Herder u. anderen Sammlungen theils aus dem Munde des Volks selbst, u. zwar nicht ohne große Mühe, zu sammeln, um auch dieses Bedürfnis, das sich überall laut ausspricht, so zu befriedigen, wie es bis jetzt noch nicht geschehen ist, nämlich die Melodien dem Volke wieder veredelt, 4 stimmig u. zwar eben so einfach in ihren Mittelstimmen zu geben. Daß ich mich hinsichtlich der Wirkung derselben nicht getäuscht habe, beweist der Enthusiasmus, mit welchem diese Lieder, so oft ich sie bis jetzt habe singen lassen, von den Gebildetsten sowohl als von den unteren Volksklassen, aufgenommen worden sind.

Da ich täglich bestürmt werde, diese Lieder herauszugeben, so frage ich Ew. Wohlgeboren, ob Sie etwa Lust hätten, vor der Hand ein Heft von ungefähr 12 Liedern mit 4 stimmigen Melodien für Männerstimmen gesetzt, in Verlag zu nehmen ... und ob Sie die Herausgabe beschleunigen könnten? Die Herausgabe würde in der Form der Hefte des Stuttgarter Liederkranzes vielleicht am zweckmäßigsten geschehen, da Text u. Melodie, was die Länge betrifft, ziemlich gleich sind. Auch müßten die Stimmen ausgesetzt seyn.

Ich denke, daß eine Auflage dieser Gesänge theils durch den Stuttgarter Liederkranz, theils (wie ich von Adjut. Schüßler hörte) durchs Militär, Tübingen u. andere Singanstalten im In- und Auslande bald ihre Käufer finden dürfte.

Da ich gerne mit Euer Wohlgeboren in Verbindung stehe, so frage ich auch zuerst bei Ihnen an, bitte aber zugleich, daß Sie doch ja keinen Abstand nehmen möchten, meine Anfrage mit „nein" zurückzugeben, falls Sie nicht Lust zu dem Werkchen hätten.

Der ich die Ehre habe mit der vollkommsten Hochachtung zu seyn Euer Wohlgeboren
gehorsamster Dir.
Silcher

Tübingen d. 18. April 1825.

„DA KROCH ICH IN DIE SCHEUER HINEIN"

Silcher an seine Lieblings-Schülerin Fanny Treßler, Pfarrerstochter in Genkingen, spätere Frau Maier, Stuttgart, ca. 1850:

Tüb. Freitags eiligst.

Meine liebe Fanny!

Ich danke Ihnen, daß Sie die Freuden u. Leiden Ihrer Heimfahrt beschrieben haben. Aber Sie ahnten wohl nicht, daß ich persönlich Zeuge war Ihrer Reise von Sebastianopel bis Genkingen. Als Sie im Bade ankamen, befand ich mich bereits in einem Nebenzimmer daselbst u. wollte Sie von hier aus als Beschützer bis Genkingen begleiten, da ich nicht wußte, daß der Vater Sie abholen würde. Kurz u. gut, ich hörte in meinem Zimmer Ihren Jammer über die durchnäßten Rosakleider u. all Ihre u. Ihrer Freundinnen Seufzer. Als Sie mit dem Vater um 8 Uhr abfuhren, schwang ich mich unbemerkt dennoch auf den Wagen u. stand hinter Ihnen u. dem Vater bis ans erste Haus von Genkingen. Ich hörte alles, was Sie Ihrem Vater erzählten. Da ich Sie nun in Genkingen wußte, sagte ich Ihnen u. dem Vater pianissimo gute Nacht und sprang unter dem Peitschenknall Ihres wohl- u. aufrechtgeborenen, blaubewamsten Stallmeisters Michel mit einem Satz von dem Wagen. Nun ging es Bronnweiler zu, um beim Pfarrverweser Werner zu übernachten. Allein die Amtsverweserei war längst im Bette. Da kroch ich in die Scheuer hinein, legte mich in den kürzlich gekauften Einspänner des Amtsverwesers u. hatte eine ruhige Nacht. Mit dem frühen Morgen kam die Magd in die Scheuer, sie sah mich starr an, sprang hinaus u. schrie unaufhörlich: „Herr Amtsverweser, lassen Sie doch Sturm läuten, damit die Feuerspritzen kommen, es sitzt ein Geist in Ihrer Kutsche mit einem runden Hut auf dem Kopf u. einer weißen Halsbinde. Machen Sie doch nur, daß die Feuerspritzen kommen, daß man ihn hinaus spritzen kann!" Doch dies wartete ich nicht ab, denn da wäre mirs ärger gegangen als Ihnen mit den Rosakleidern. Lustig sprang ich aus der Scheuer aufs Feld, u. über Stock und Stein gings Tüb. zu. Nun sitze ich da in meinem traulichen Stübchen u. erzähle Ihnen diese merkwürdige Geschichte.

Wollen Sie aber, meine l. Freundin vor der Hand Niemand etwas davon sagen, sonst könnte es einen Höllen-Spectakel geben. Am Ende würde es der schwäb. Merkur bringen.

Inzwischen aber seien Sie u. die l. Ihrigen herzlich gegrüßt von Ihrem aufrichtigen Freund

S.

Um Sie zu beruhigen, so lesen Sie das folgende Wort durch den Spiegel:

!nǝbnuɟɹǝ

„Meine Kompositionen zu Ihren Liedern"

An Hoffmann von Fallersleben:

> Tübingen d. 16. Jan. 1853
>
> Hochverehrter Freund!

Ich bin ein arger Sünder, daß ich Sie so lange auf Ihre freundlichen Zeilen warten lasse. Freilich versprach mir Uhland, meine Antwort beizuschließen, er muß es aber vergessen haben, mich zu benachrichtigen.

Sie erhalten hiermit ein Verzeichnis meiner Kompositionen zu Dichtungen von Ihnen. Ihr Studentenlied: „Ist ein Leben auf der Welt", das hier von den Musesöhnen stets mit großer Begeisterung gesungen wird, habe ich noch nicht drucken lassen, da mir eine Stelle der Melodie noch nicht rechte gefallen wollte, doch glaube ichs jetzt gefunden zu haben.

Sie fragen mich wegen eines guten Opernkomponisten. Die Antwort ist jetzt schwer zu finden. Rich. Wagner ist ein großes Talent. Sein Gesang ist wieder – man möchte sagen, ein ganz anderer, als bisher, der aber zu Herzen geht u. zwar bis auf den tiefsten Grund.

Ihre Dichtungen sprechen die Komponisten sehr an. Es freute mich ungemein, daß mein Liebling, Mendelssohn, auch manches von Ihnen komponiert hat. Seine Lieder sind unsterblich. – Von den pfälzischen Dichtungen Kobells habe ich auch ein halbes Dutzend im Volkston komponiert. Ich habe sie aber in die schwäb. Mundart übertragen.

> Mit innigster Verehrung
> Ihr ergebenster Fr. Silcher

*August Heinrich Hoffmann von Fallersleben (1798–1874),
Autor des „Deutschlandliedes"*

Meine Kompositionen zu Ihren Liedern sind:

1. In jedem Haus, wo Liebe wohnt
2. Ja lustig bin ich, das ist wahr op. 34 für 4 Männerstimmen.
3. Von allen guten Dingen Stuttgart bei Zumsteeg.
4. Morgen müssen wir verreisen Volkslieder einstimmig mit Klavierbegl. op. 28 Tüb. bei Fues. Dasselbe für 4 Männerstimmen op. 31, Tüb. bei Laupp.
5. Kuckuck ruft's aus dem Wald 2 stimmig (ohne Angabe des op.)in den Kinderliedern in zweierlei Ausgaben mit oder ohne Klavierbegleitung Tüb. bei Laupp, 5 Hefte (nach welchen in London eine englische Ausgabe [ohne mein Wissen] erschienen ist.)
6. Vögel singen, Blumen blühen 2 stimmig ohne Begleitung, wird gedruckt werden u. ins 6. Heft der Kinderlieder kommen.
7. Frei und unerschütterlich Turnlieder, op. 44, 3-stimmig.
8. Ist ein Leben auf der Welt (Noch nicht gedruckt.)

„HIERMIT ERHALTEN SIE ALS CORRECTUR"

An Hoffmann von Fallersleben:

> Tübingen, d. 15. Jan. 59
> (in großer Eile)
> Hochverehrter Herr Professor!

Von L. Uhland, C. Meyer u. Holland, – welche Ihnen recht gerne Beiträge für Ihre Zeitschrift: Findlinge senden werden, wenn Sie solche nur näher bezeichnen möchten – die herzlichsten Grüße.

Hiermit erhalten Sie als Correctur abermals ein Verzeichnis meiner Volkslieder (die mit einem X bezeichneten sind meine eigenen Kompositionen), wobei nach Ihrem Wunsche auch das Opus angegeben ist. – Sie haben doch das Verzeichnis meiner eigenen Melodien (der Volkslieder) erhalten, wo auch bei jedem Heft das Jahr angegeben ist, in welchem es erschien, ebenso ungefähr das Jahr, wann ich sie komponiert habe.

(Nebenbei muß ich bemerken, daß hie und da schon gefragt wurde, ob ich nicht bei meinen eigenen Volksmelodien vorhandene Melodien zu Grunde gelegt habe? Hiebei kann ich Sie versichern, daß bei keiner einzigen Nummer, welche ich mit meinem Namen bezeichnet habe, irgendeine andere Melodie zu Grunde gelegt wurde.) Zugleich berichtige ich so gut ich kann folgende Nummern Ihrer Bemerkungen zu den „volksthümlichen Liedern".

Zu Nr. 28 ――― Melodie von Abeille, geb. 1761, Konzertmeister in Stuttgart (+ vielleicht vor 18–20 Jahren).

53 ――― Bei der stillen Mondeshelle, Dichtung von J. G. Jakobi, Mel. von Fr. Silcher (für 4 Män-

nerstimmen), Tübinger Liedertafel, Hft. II, op. 16 bei Laupp.

101 ––– Mel. f. 4 Männerstimmen von Fr. Silcher, Tüb. Liedertafel, Hft. III, op. 29.

102 ––– Mel. von Franz Schubert.

227 ––– Die Mel. im Arion (aus 5) (?) Hft. I ist (was im Register zu lesen) von Louise Reichardt (von C. M. Weber kenne ich keine Mel. zu diesem Text).

302 ––– Mel. von Fr. Silcher (4stimmig) in der Liedersammlung des Schwäb. Sängerbundes Nro 6.

307 ––– „Heute scheid ich" (Feska) die Mel. so, wie sie im Munde des Volkes sich verbessert hat, sicher in Silchers Volksliedern, sowohl in der Lauppschen als Fuesschen Ausgabe (ist beachtenswerth).

581 ––– Stehe fest o Vaterland, die allgemein gesungene Mel. ist von Nägeli, Liedersammlung des Schwäb. Sängerbundes Nro 39.

599 ––– Mel. von Bernhard Klein, (urspr. 3 stimmig) 4 stimmig von Fr. Silcher, Tüb. Liedertafel, Hft. I, Nro 10. Ferner eine vielgesungene 4st. Mel. von Kuhlau.

673 ––– Mel. von Storkel (vor 40–50 Jahren viel gesungen).

Friedrich Glück, 1841 (den ich persönlich sehr gut kannte) Pfarrer in Schornbach bei Schorndorf, ein trefflicher Melodiker (fast ohne Kenntnisse in der Harmonie), komponierte als Seminarist in Tüb. In einem kühlen Grunde, u. Herz, mein Herz warum so traurig. (Letzteres hat weniger Werth, das erste ist vortrefflich, aber das Beste u. Ausdruckvollste dieser Melodie: In einem kühlen Grunde, stammt vom Volke. Es ist der schmerzliche Aufschwung in die obere Oktave (drittletzter Takt). Die Wiederholung der letzten Zeile lautet bei Glück wie das erste Mal (es ist auffallend, wie Ludw. Erk diese schöne Mel. in allen seinen Werken (im neuesten abermals) verhunzt hat. Die beiden ersten Zeilen gibt er nach einer ganz anderen Mel. u. so, daß in der ganzen Mel. hindurch kein Dominantschluß vorkommt.) Glück hat mir nie eingestanden, daß die Mel. Leb' wohl, du theures Land, von ihm sei. Ich glaube aber, daß sie von ihm ist, was an einigen Stellen zu erkennen ist.

Die Nummern in Ihrem Commersbuch R ... r kennt man hier nicht. Haben Sie sich das neueste Commersbuch (von mir) u. Fr. Erk besorgt: Lahr bei Schaumburg u. Leipzig bei G. E. Schulze 1858 angesehen?

Endlich lege ich noch ein gedrucktes Verzeichnis meiner sämtl. Volkslieder in der Ausgabe 1 oder 2 Stimmen mit Klav. Begleitung (Tüb. bei Fues) bei, wo Sie ebenfalls meine eigenen Mel. auf der 3ten Seite finden werden. Indes sind diese noch nicht vollständig hier enthalten, wie es der Fall auf der rothen Correctur ist, in welcher Sie 42 eigene Mel. u. hier nur 35 finden werden, da bei Laupp bereits XI Hefte und bei Fues erst 7 Hefte heraus sind.

In der Vorrede bei Fues finden Sie zu Glück u. Feska, Weigle Bemerkungen. –

Mit herzlichen Grüßen
der Ihrige Fr. Silcher
In großer Eile.

Für die Tüb. Liedertafel hat Unterze im vorigen Jahr den „Schwabenkrieg" von Hoffmann von Fallersleben komponiert, (Solo u. Chor) noch nicht gedruckt.
Fr. Silcher
Weimarisches Jahrbuch 6t Bandes erstes Heft.

Nachträge (Ausländische Volksmelodien mit deutschem Text)

Nro 28 An der Quelle saß, auch eine sehr schöne und bekannte Mel. von Abeille.

53 Bei der stillen Mondeshelle, 4stimmig von Silcher, seit 36 Jahren bekannt (Tüb. Liedertafel bei Laupp).

101 Der alte Barbarossa, Mel. 1stimmig bei Zumsteeg, 4st. Tüb. Liedertafel – Hefte bei Laupp.

102 Der Eichwald braust, ausgezeichnet schöne Mel. von J. F. Reichardt (wohl die beste)

159 Drunten im Unterland (Ich habe Weigle, [im vorigen Jahr als Missionär in Indien gestorben, hier in Tüb. früher Seminarist] zu dieser Dichtung aufgefordert.)

202 Es geht bei gedämpfter Trommel Klang, Volksweise von Silcher u. 4stimmig. Tüb. Fues u. Laupp.

227 Es singt ein Vöglein witt, Mel. von Louise Reichardt, nicht von C. M. Weber, was schon am Nachspiel zu erkennen ist.

283 u. 285 hat Schubert selbst am besten komponiert.

302 Herz lasse dich nicht zerspalten, Mel. 4st. von Silcher für die schwäb. Liederkränze komp.

326 Ja lustig bin ich, das ist wahr, 4stimmig von Silcher (wird viel gesungen, Stuttgt. bei Zumsteeg op. 34. [Nr. 380 Kinderlied])

421 Kein schönrer Tod ist, 2 u. 4stimmig von Silcher Volksweise in dessen Sammlung.

422 Kennst du das Land, wo die, Beethovens herrliche Mel. sollte ebenfalls genannt sein.

448 Letzte Rose, die beste Übersetzung von Herm. Kurz – in meiner Ausl. Volksliedersammlung seit mehr als 25 Jahren bekannt.

452 Loset, was i euch, die Melodie in meiner Volksliedersammlung aus Hebels Heimath.
463 Mein Herz ist im Hochland, die Originalmel. zuerst in meiner Sammlung.
486 Morgenroth leuchtest mir kaum gedacht, zuerst in meinen 4st. Volksliedern
580 Steh ich in finstrer – ebenso
581 Stehe fest, o Vaterland, am meisten gesungen wird Nägelis Mel.
599 Über allen Wipfeln ist, auch eine vielgesungene Mel. von Bernh. Klein (in meinen Liedertafelheften Tüb. Laupp).
663 Wenn die Nacht in stiller Ruh, Volksweise von dem längst verstorbenen würtemberg. Genral, Freiherr von Seckendorf (welcher mirs noch mündlich mittheilte im Jahre 1815) Carl Sieges (?), Aug. Gottfried o. gb. Stutt. 11. Juni 1747 + zu? (Sigstumm?) u. dem Nov. 1833 Freiherr von Seckendorf).
673 Wenn in des Abends letztem Schein, die am meisten gesungene Mel. von Stekel.
701 Wie lieblich hallt durch, Volksweise schon um 1816 komp. von Silcher (sehr bekannt, die von Schneider (?) viel später).

— — — — — — —

C. Erks Sammlungen, auf die in diesem Jahrbuche meist verwiesen wird, sind viel später als die meinigen erschienen, aus welchem die norddeutschen Sammler genommen haben.
S.

„AUFSPRANGEN WALLHALLAS WÖLBENDE PFORTEN"

An Paul Kauffmann:

Verehrter Freund!
Es hat in der Tat etwas Geniales, wenn der Hofmeister am Rhein auch Weinhändler in Flaschen wird u. namentlich in guten Sorten. Die Praxis, denke ich, soll vorteilhaft werden. Zu 25.t. Jahresfest der Liedertafel wird man bei Ihnen, so hoffe ich, wenigstens 50 Flaschen bestellen, welchen Sie selbst mitbringen u. dabei nach Ihrem Plan unser Jubiläum feiern werden.
Ob der Deidesheimer der Silcherfamilie gemundet habe? Antwort:
Für den edlen Göttertrank
folgt hier unser wärmster Dank!
Da muß man poetisch werden! Schon Ihre Bezeichnung „Lethefluten", worin eine ganze Welt voll Poesie liegt, hat mich ungemein berauscht; aber als ich den ersten Kelch auf des Gebers Wohlsein geleert hatte, war ich vollends ganz u. gar dieser Welt entrückt:
Aufsprangen Wallhallas wölbende Pforten,
Braya, der greise, stürmt' in die Gobfurt! (?)
Ich befand mich im hohen Göttersaale, wo eben das Tafeln begann, u. setzte mich flugs neben die blonde Freia, welche längst ein Aug auf mich hat u. sehr freundlich mit mir tat. Wallvater rief einmal um das andere: Noch eine Flasch Deidesheimer! Auch stolperte noch Abends spät von seinen Kriegszügen aus den Gefilden Bucharest (?) Wallvaters Sohn, der rauhe Thor (auf Urlaub) in den Saal u. rief mit donnernder Baßstimme: mir eine Flasche Reutlinger! Wie wurde da

geschmaust, getrunken u. gesungen! Kurz, es ging ärger her als am Tüb. Liedertafelessen. Aber – o weh! Als ich eben im Begriff war, mit meiner schönen Nachbarin das Duett zu singen:

Setz' dich, liebe Freialine
Nur recht nah zu mir

da klopfte es an der Pforte zu Wallhalla. Wallvater rief: Herein! u. herein trat Musikdiener Stoll: „g'horsame n Empfehl von der Frau Silcher, u. H. Silcher möchte jetzt heim kommen, es sei schon spät." Gesenkten Blickes stand ich auf; Freialine wischte sich eine Träne aus ihrem blauen Auge; Wallvater erhob sich u. rief: gute Nacht, lieber Silcher! daß Sie heute ungeprügelt ins Bett kommen, dafür ist gesorgt. Die Dienerinnen meiner Ehehälften haben bereits den Schlummersaft auf die Augenlider (sic) der Frau Doktorin Silcher geträufelt. – So geschah's am letzten Dienstag des Jahres 1853 u. bin zum Glück diesmal gut weggekommen. Aber was ist hieraus zu lernen? Antwort: daß man mit dem Deidesheimer vorsichtig umgehen soll.

Als ich vorstehenden Unsinn nochmals durchgelesen hatte, empfand ich große Reue u. bitte Sie nun inständig, denselben doch ja niemand lesen zu lassen.

Es freut mich sehr, daß man auch in Ihrer Gegend an „Gedämpftem" Wohlgefallen hat. Sagen Sie Ihren Sängern meinen herzl. Gruß.

Sie kommen doch jedenfalls zum Liedertafelfest.

Auf die pfälzischen Volkslieder freue ich mich sehr. Wollen Sie solche nicht zugleich ins Schwäbische umschreiben?

Sie sollten doch etwas über Köstlins Gedichte sagen. Er ist gegenwärtig krank u. kann den ganzen Winter nicht lesen, da freut es ihn dann sehr, wenn ich ihm sagen kann, daß ich wieder etwas Gutes darüber gelesen hätte. Seine Frau hat schon eine bedeutende

Anzahl davon komponiert. Es gibt doch mehrere darunter, die musikalisch sind. Sonst haben Sie Recht. Viele sind es nicht. Einige für Musik werden Sie z. B. in den „Seeliedern" finden, pag. 36 „Schifflein leise", pag. 41 „An dies Schifflein schmiegen", pag. 130 ist ein Lied zu finden, das fast über der Musik steht: Das Paar. Der 3t Vers ist allerliebst:

> Kinder, welch ein Zagen!
> Niemand kann euch sehn.
> Selbst die Lüfte fragen,
> Ob sie dürfen wehn? –

Lesen Sie einmal das ganze Gedicht.

Es sind schon sehr viele Anzeigen über diese Gedichte gekommen. Alle waren Loben. Namentlich auch in größeren Aufsätzen in der allgem. Zeitung.

Und nun leben Sie wohl!

Nochmals besten Dank!

Mit herzl. Grüßen

Ihr

ergebenster

Fr. Silcher

Das ist ja vortrefflich, daß Sie mit Ihrer Familie nach Stuttg. ziehen. Freund Eisenbroich (?) läßt herzlich grüßen.

„Selbst vom hintersten Schottland"

An Paul Kauffmann:

1860 (?)

Mein innigst verehrter Freund!
Ich kann wohl nicht anders, als eben auch mit Ihren
werthen Zeilen beginnen: „Spät kommt ihr, doch ihr
kommt!" Unwohlsein und Übergabe von einem halben Dutzend Musikkästen, dann die letzte offene Liedertafel, welche doppelt schwer auf mir lag, nicht zu
sprechen von Fackel- u. andren Zügen – (die Musensöhne meinten es mit mir doch gar zu gut, es war mir
nicht möglich, diese Dinge zu hintertreiben, so viel ich
mir auch Mühe gab –) ließen mich nicht bälder zum
Schreiben kommen.

Wie soll ich Ihnen, mein verehrter Freund, mit Worten danken für Ihre so wohlwollende Teilnahme an
meinen neuesten Erlebnissen? Ich habe zwar viele
schöne Briefe von Freunden und Ehrenbezeugungen,
die ich nicht verdient habe, erhalten (u. a. worunter
sich eine aus Braunschweig (vor 3 Tagen) besonders
schon durch die Adresse auszeichnet: „An die Erben
des verstorbenen Musikdir. S. in Tübingen" mit einer
Dukate für eines meiner Lieder, welches der dortige
Verein gesungen hat.) Alle diese Schreiben sind voll
warmer Teilnahme. Selbst vom hintersten Schottland,
wo ein Stiftler sich als Hofmeister befindet, habe ich
ein herzliches Schreiben erhalten. (Hier muß ich
Ihnen meine Eitelkeit von diesem Stiftler, welcher
einst auch die Stiftspauken, doch nicht so, wie ehemals
P. Kauffmann beim Schleswigholsteinlied garbte u. so
bearbeitete, daß die Haigerlocher Sturm läuteten u.
mit Feuerspritzen nach Tüb. eilten, – einen Satz aus

seinem Brief mitteilen, welcher so lautet: „Die Lady des Hauses empfing mich nach der ersten Begrüßung mit den Worten: Kennen Sie die Loreley? –) Aber alle diese Briefe, so warm sie auch sind, bleiben doch weit zurück hinter den Flammenzeilen des Freundes P. Kauffmann, welche aus seinem Glutherzen heraus-schlagen. Ja, nochmals sage ich Ihnen herzlichsten, aufrichtigsten Dank! Ebenso danke ich für die schö-nen poetischen Beilagen. Das Schillerlied war mir bereits aus Elbens Schrift bekannt. Das 2-te herrliche Erzeugnis Ihres Geistes steht mir fast über der Musik. Es wird wohl schwer zu komponieren sein.

Wie oft – seit Sie Tübingen verlassen haben, habe ich gewünscht, Sie immer hier behalten zu können! Wir hätten miteinander noch Manches zu Tage gefördert. – Und wie oft gedenke ich unseres Zuges zum Heil-bronner Liederfest, wohin ich vor lauter Sorgen wegen des Verpackens eigentlich ungern ging u. dann doch so vergnügt war! Wären Sie nicht gewesen, ich hätte unterwegs umgekehrt, aber Sie u. auf dem Heilbron-ner Bahnhof Mendelssohns Genius, welcher mich, wie Sie sich wohl erinnern werden, so ansprach: „Um Ver-gebung, sind Sie der Herr Silcher?" Ja! u. wer sind Sie? „Ich bin Mendelssohn, die Tüb. Liedertafel wird sin-gen", richteten mich dermaßen wieder auf, daß mich, als wir durch die Stadt sangen: „schauen Äuglein hell u. glänzend, schwarz u. blau aus jedem Haus" im Pous-sieren an die Fenster hinauf, kein Liedertäfler übertraf, selbst der schöne Tafel nicht. Ach, das war eine schöne, herrliche Zeit!

Ich habe sehr bedauert, das Stuttg. Schiller-Fest, wozu ich vom Comité eine freundliche Einladung erhalten hatte, nicht besuchen zu können, da wir hier selbst auch ein schönes Fest herzurichten hatten. Die Studenten im Festschmuck, mehrere hoch zu Roß, immer mit der Universitätsfahne, der Senat, Beamte und Bürger zogen vom Marktplatz in die Aula, wo ich im großen Fest-Saal des alten Berliner Reichardts schöne Melodie zu „Freude, schöner Götterfunken" von der Liedertafel singen ließ (mit Begleitung von Blasinstrumenten). Beim Chore: Seid umschlungen, mußten – 100 Männerstimmen unter Pauken u. Trompetenschall singen – so daß der Roßberg in seinem Eingeweide erzitterte u. die Gönninger nach allen Seiten hin flohen. Hier hätte P. Kauffmann bei den Pauken wieder ein schönes Feld gehabt. Dann aber Gnade den Gönningern! Der Roßberg wäre über das Dorf gestürzt. Ich komme vielleicht bald nach Stuttg. u. auf was ich mich herzlichst freue, ist Ihr Quartett. Ich werde Ihnen wohl etwas mitbringen können, wenn Sie es gerne singen wollen. – Und nun 1000 schöne Grüße auch Ihrer l. Frau.

Ihr S.

„Zu meiner und meiner Familie Lebens Unterhalt"

Gesuch Friedrich Silchers an König Wilhelm I.
von Württemberg um Entlassung aus seinem Amt:

Euer Königlichen Majestät
wage ich in Ehrfurcht Unterzeichneter, gestützt auf
das beigeschlossene ärztliche Zeugniß, die unterthänigste Bitte um gnädigste Enthebung von meinen
Dienstfunktionen andurch vorzutragen.
Ich habe am 27. Juni dieses Jahres das 70te Lebens-
jahr zurückgelegt und neuerdings das 43te Dienstjahr
angetreten. Wenn nun auch das Alter an sich meine
geistigen und körperlichen Kräfte noch nicht viel
berührt hat, so nöthigt mich doch ein zeitweise sehr
schmerzhaftes Unterleibsleiden, das mich schon seit
längerer Zeit befallen hat und das eine gänzliche Wie-
derbeseitigung kaum hoffen läßt, von meinem Dienste
zurückzutreten und mich fortan der Pflege meiner
Gesundheit zu widmen. Ich darf es wohl bekennen,
daß es mir sehr schmerzlich ist und daß ich deshalb so
lange als möglich gezögert habe, den mir durch die
höchste Gnade Eurer Königlichen Majestät vor 42 Jahren angewiesenen Beruf an der Universität, der mir
über alles lieb und theuer war, zu verlassen; aber wenn
ich nicht meine angegriffene Gesundheit völlig aufs
Spiel setzen, wenn ich auch der Rücksicht auf meine
Familie Rechnung tragen will, mußte ich den Entschluß fassen, den ich Eurer Königlichen Majestät in
gegenwärtiger unterthänigster Bitte ehrfurchtsvoll
vorlege.
Mit meiner durch höchste Entschließung Eurer
Königlichen Majestät erfolgten Anstellung als Musik-

Silchers Brief an König Wilhelm I. von Württemberg, mit der
Bitte um Entlassung aus dem Dienst (1859)

lehrer an der Universität Tübingen erhielt ich zugleich
die Verpflichtung zum Musikunterricht am evangelischen theologischen Seminar daselbst und bald

darauf wurde mir auch der Gesangunterricht am katholischen Convict in Tübingen gegen eine besondere Belohnung von 50 F übertragen. Außer der Erfüllung meiner amtlichen Obligationen, denen ich stets so gut wie möglich nachzukommen mich bestrebte, machte ich es mir aber zu einer angenehmen Pflicht, auch in weiteren Kreisen der Universität, unter der studierenden Jugend überhaupt, wie unter den der Universität angehörigen Familien den Sinn für die Musik zu wecken und zu fördern, in welcher Beziehung ich auf die unter Mitwirkung einflußreicher und gebildeter Musikfreunde gestifteten und gegenwärtig noch in einem blühenden Stande befindlichen zwei musikalischen Vereine, die akademische Liedertafel u. den Oratorienverein, hinzuweisen mir erlaube.

Es wird wohl glaubhaft erscheinen, wenn ich versichere, daß meine Thätigkeit in Tübingen vielfach mit besonderen Anstrengungen verknüpft war. Ist es schon an und für sich nicht ganz leicht, Dilettanten in der Musik soweit zu fördern, daß auch größere und schwierigere Werke berühmter Meister vorgeführt werden können, so liegt eine ganz eigenthümliche Schwierigkeit in dem so außerordentlich häufigen Wechsel der zu Gebot stehenden musikalischen Kräfte und in dem Umstand, daß mit Rücksicht auf die Studien der Studierenden nur eine beschränkte Zeit, meist in Freistunden, auf musikalische Übungen verwendet werden kann, wie ich dann, vielleicht nicht ohne Nachteil für meine Gesundheit, von jeher die Stunde unmittelbar nach dem Mittagessen, während welcher andere sich zu erholen pflegten, dem Unterrichte, Proben usw. widmen mußte. Herzlich gerne würde ich jedoch alles dieses auch in Zukunft noch thun, wenn nicht meine Gesundheits Umstände mich aufs dringendste zur Ruhe und Schonung mahnten.

Mit meinem Gesuche um gnädigste Enthebung von meinem Dienste erlaube ich mir nun aber noch eine weitere unterthänigste Bitte zu verbinden und solche Eurer Königlichen Majestät zu allergnädigster Berücksichtigung vertrauensvoll vorzutragen. Nach dem Gesetze über die rechtlichen Verhältnisse der an der Universität angestellten Diener soll ich nämlich, wie ich belehrt wurde, für den Fall meiner Dienst Enthebung keine Pension anzusprechen haben. Wie empfindlich es aber mich und meine Familie treffen würde, wenn ich auf Einmal mein Einkommen aus öffentlichen Mitteln ganz verlieren würde, werde ich nicht erst des Näheren auseinander zu setzen nöthig haben. Als ich im Oktober 1817 als Musiklehrer an der Universität angestellt wurde, bekam ich ein Gehalt von 600 F, wozu in der Folge die schon erwähnte besondere Belohnung von 50 F für Gesangsunterricht am Wilhelmsstifte hinzukam. Im Jahre 1856, also nachdem ich über 38 Jahre lang mich mit einem Gehalte von 650 F beholfen hatte, erhielt ich durch die höchste Gnade Eurer Königlichen Majestät eine Besoldungszulage von 300 F und im Dez. 1858, endlich aus Anlaß der allgemeinen Gehaltsaufbesserung noch eine Zulage von 100 F, so daß mein fixes Gehalt sich dermalen auf 1050 F beläuft. Wenn ich nun auch durch Privatunterricht in der Musik, so wie durch schriftstellerische und künstlerische Arbeiten mir ein Nebeneinkommen zu verschaffen gesucht und ein solches immer auch in mehr oder weniger ergiebiger Weise erreicht habe, so darf ich doch bei meiner leidenden Gesundheit je länger desto weniger hoffen, auf diesem Wege noch einiges erwerben zu können; wie denn überhaupt meine ökonomischen Verhältnisse weitaus nicht der Art sind, daß ich ohne alles Einkommen aus Staatsmitteln meinen und meiner Familie Lebensunterhalt zu bestreiten im Stande wäre, zumal da mein Alter und meine Krankheit immer mehr einen gesteigerten Aufwand z.B. durch Badekuren und dergleichen zu veranlassen drohen. Wie ich vernommen habe, sollen mehrfach schon andere in ähnlicher Lage befindliche öffentliche Diener im Wege höchster Gnade einen angemessenen Ruhegehalt aus öffentlichen Mitteln erhalten haben. Dieß ermuthigt mich zu der Hoffnung, daß es so auch mir allergnädigst werde möglich gemacht werden, nach Enthebung von meinem Berufe die mir noch übrigen, vielleicht wenigen Jahre, mit meiner Familie, wenn auch in bescheidenster Zurückgezogenheit, so doch anständig und sorgenfrei leben zu können.

Indem ich nun noch zum Schlusse meiner dienstlichen Laufbahn Eurer Königlichen Majestät meinen unterthänigsten Dank für die mir und meinen Bestrebungen mehrfach bewiesene höchste Huld und Gnade darzubringen mir erlaube, schließe ich mit der unterthänigsten Bitte:

Eure Königliche Majestät

möchte 1) mich meiner sämtlichen öffentlichen Dienst Verrichtungen an der Universität und den mit derselben verbundenen Anstalten gnädigst entheben und 2) mir zu meiner und meiner Familie Lebens Unterhalt einen angemessenen Ruhegehalt aus öffentlichen Mitteln allergnädigst zu verleihen geruhen.

In tiefster Ehrfurcht
Eurer Königlichen Majestät
Allerunterthänigster treugehorsamster
Dr. Friedrich Silcher,
Lehrer und Direktor der Musik
an der Königl. Universität
Tübingen
den 18 tn Nov. 1859.

„Eine Übersicht meiner Geschäfte"

An Otto Scherzer:

Tübingen, den 4. März 60

Verehrtester Herr Professor!
Empfangen Sie meinen herzlichsten Dank für Ihre
freundlichen Zeilen, so wie für Ihre gütige Theilnahme in Betreff meiner neuesten Erlebnisse. Ich bin
sehr erfreut, daß ein so tüchtiger Künstler wie Sie hier
fortwirken wird und wünsche mir von Herzen, daß es
Ihnen in unserem Schwabenlande wieder gut gefallen
möge.

Ihrem Wunsche gemäß gebe ich Ihnen hiermit eine
Übersicht meiner Geschäfte, und zwar so, wie sie sich
allmählich in 43 Jahren gestaltet haben.

Im Jahr 1817 wurde ich auf diese damals neu errichtete Stelle ernannt. Ich gab (nach meinem Start) den
Seminaristen im evangelischen Stift in der Woche 2
Singstunden u. 1 Stunde den in der Stadt Studierenden, namentlich auch den Stadttheologen; ferner 2
Orchesterstunden im Stift. Zugleich habe ich mir mit
dem damaligen Stadtmusikus Hetsch (guter Violin-
spieler u. Lehrer) viele Mühe gegeben, eine Orchester-
musik aus Ansässigen zu errichten, allein so bald die
jungen Leute etwas leisteten, gingen sie unter die Mili-
tärmusik, oder wenn sie noch eine Profession daneben
hatten, in die weite Welt. Auch setzte weder die Stadt,
deren Kassen arm sind, noch die Universität Beloh-
nungen dafür aus. Kurz, Tübingen ist zu klein, wenn es
wenigstens so groß wie etwa Heilbronn oder Ulm wäre,
so würde sich etwas machen lassen.

Daher muß man die vorhandenen Kräfte im Seminar

u. unter denen der Stadt aufsuchen und alles zusammen raffen, was helfen kann, um etwas zu Stande zu bringen.

Aber nicht selten zerstört der ewige Wechsel der Musensöhne oft schnell wieder das Aufgebaute. Indeß brachte ich es damals, als hier noch kein Orat. Verein u. keine Liedertafel existierten, wo ich daher viel mehr freie Zeit als jetzt hatte, doch dahin, daß ich z. B. Haydns Schöpfung vollständig mit Orchester geben konnte, was mehrmals geschah, ebenso die Jahreszeiten nebst anderen Werken. Auch konnte ich damals mehr Konzerte geben, während in neuerer Zeit nur im Winter ein größeres Konzert mit Orchester zu Stande kam, da ohnehin jeden Monat 2 Eröffnungen mit dem Orat. Verein u. der Liedertafel gesetzlich stattfinden müssen. –

Seit vielen Jahren fehlen uns leider die 2 wichtigen Instrumente Oboe u. Fagott, welche ich daher unter andere Instrumente (Clav. Cello) zu vertheilen genöthigt bin. Im evangelischen Seminar sind etwa ein Dutzend Musiker. Horn u. Trompete werden in den niederen Seminarien leider ebenfalls nicht gelehrt, so sehr ich in meinen Semester-Berichten auch immer dagegen Klage führte. Letztere Instrumentisten nehme ich daher aus der hies. Blechmusik, welche jährlich eine kleine Belohnung vom Seminar dafür erhalten. Der Stadtmusikus muß ebenfalls bei der Stiftsmusik mit 1 oder 2 Gehülfen erscheinen u. erhält dafür in der Woche 2mal den Seminar-Tisch. Dann werden zur Musik noch, wie schon bemerkt, die Musiker unter den Stadtstudierenden eingeladen, so daß etwa 22 bis 24 Mann musizieren. (4–5 erste, 4 zweite Violinen, 2 Violen, 2 Cellos, 2 Contrabässe, 2 Flöten, 2 Clarinetten, 2 Hörner, 2 Trompeten u. Pauken.)

Probe Sonntags von 1 bis 2 Uhr.

Die 1te Orchesterstunde im Seminar fiel bei Errichtung des Orat. Vereins weg, weil die Proben zusammentrafen u. sich wegen der vielen Collegien keine andere Stunde finden ließ.

Auch die 2te Singstunde war im Grunde bei Errichtung der Liedertafel u. des Vereins nicht mehr nöthig, da die Sänger bei beiden Anstalten genug beschäftigt waren. Neben der Orchesterstunde blieb aber bis jetzt die Singstunde Donnerstags Vormittags 10 Uhr (zur schnelleren Übersicht unterstreiche ich absichtlich auch die stehenden Unterrichtsstunden). Doch ist diese seit 2 Jahren auf höhere Anordnung für das letzte Wintersemester der ältesten Promotion in eine Choralstunde verwandelt worden (nämlich: Einübung der besten Choralmelodien, Erklärung der alten Kirchentonarten mit historischen Notizen über den Choral).

Diese Stunde kann daher im Sommerhalbjahr wieder, wie früher, zur Einübung von Chören, Quartetten (auch für die Kirche) benützt werden, wozu die Sänger aus allen Promotionen eingeladen werden können. Zu diesen beiden Stunden im Seminar (Orchester- u. Singstunde) wird, da Sie gewandter Orgelspieler sind, wohl noch eine Stunde im Orgelspiel kommen. Bisher waren die Seminaristen an die Organisten der Stadt gewiesen, welche aber als Schullehrer ohnehin genug beschäftigt sind.

Donnerstags Nachmittags von 2 bis 4 Uhr findet die Oratorien-Probe im Museumssaale statt.

Es sind bis jetzt zwischen 30 u. 40 Werke u. die beliebteren mehrere Male, einige 6–8 mal gegeben worden mit einem Personal von etwa 50 Mitgliedern. Da unserer Einrichtung zufolge jeden Monat, schon nach der 3t Probe eine Eröffnung für die Zuhörer (Abonnenten) stattfinden muß, so blieb bis jetzt keine Zeit übrig, um auch noch das Orchester dazu einzu-

244

üben, zumal hier – was für den Direktor keine Kleinigkeit ist – die Solo-Singenden aus dem Chor herangebildet werden müssen (während, wie sie wohl wissen, im Stuttg. Verein die Soli von Theatersängern übernommen werden). Hinzu kommt noch der fortwährende Wechsel der Mitglieder. Es wird daher auf einem guten Schiedmaierschen Flügel begleitet. Dieser Verein besteht seit 1839.

Im Jahr 1829 errichtete ich die Liedertafel, welche aus etwa 40 Studenten besteht (wovon die Hälfte dem Seminar angehört) u. in der Woche 1 Probe, Montags, Abends von 8 bis 9 Uhr hat. Auch hier, bei dieser Anstalt findet, wie beim Orat. Verein, jeden Monat gewöhnlich nach 3 Proben eine Eröffnung für die Zuhörer statt, wozu alle Honoratioren-Familien u. viele Studenten gehören. Die Liedertafel ist in Kurzem 31 Jahre alt. Der Musikdirektor hat für dieselbe freilich fortwährend Singstoff herbei zu schaffen, auch passende gemischte Chöre aus Opern für den Männersatz einzurichten, was ihm zieml. zu thun gibt.

Im kathol. Convict (Wilhelmsstift) besorgt den Orgelchor ein Repetent, wozu er aus den Zöglingen die besten Sänger nimmt. Die übrigen Convictoren werden in 2 oder 3 Klassen eingetheilt, wovon ich einer derselben (etwa 36 Sänger an der Zahl) in der Woche 1 Stunde zu geben habe, die freilich, da die besten ausgelesen sind, wenig genug leisten. Die anderen unterrichtet ein Convictor (oder Repetent) u. sind demnach ebenfalls Anfänger. Dieser Unterricht steht unter meiner Aufsicht, den ich etwa alle 14 Tage einmal besuche. Eine 2te Stunde gebe ich 6–8 Zöglingen in der Harmonielehre.

Was die Kirchenmusik betrifft, so habe ich in den ersten Jahren die damals üblichen Zumsteegschen Cantaten mit Orchester (urspr. für die herzogl. Karlskapelle komp.) in unserer hies. Stadtkirche eingeführt. Die Soli derselben (für die Theatersänger berechnet) sind jedoch für Dilettanten zu schwierig.

Später, als die Psalmen von Marcello erschienen, ließ ich diese mit Orgelbegleitung singen. Da jedoch der Orgelraum zur Aufstellung etwas ungeschickt, das Schiff der Kirche nicht gewölbt u. daher der Ton nicht günstig ist, so verlegte ich seit einigen Jahren die Kirchenmusik in das hohe, schön gewölbte Chor der Kirche, wo sie sich auch bei schwächerer Besetzung (was hier, wo alles freier Wille ist, nur allzu oft vorkommt), voll u. schön ausnimmt u. lasse vom Seminarchor meist kleinere Männerchöre, Hymnen, die schönsten Choräle mit Begleitung von Blasinstrumenten (Clarinetten, Althörner, Posaunen u. Contrabaß) singen, was kirchlich u. andächtig klingt.

Doch ist eigentlich außer dem Stadtmusikus zur Kirchenmusik im Grunde niemand verpflichtet, so daß ich nicht jeden Sonntag u. namentlich des Winters, wo bekanntlich überdies die Blasinstrumente wegen der Kälte nicht rein sind, Musik machen kann. Zwar können die Seminaristen für 1 Orchesterstunde im Stift u. die Kirchenmusik für eine freie Stunde wählen, haben sie aber gerade z. B. ihre Aufsätze zu machen, so kommen sie nicht vollständig. Bei guter Witterung lasse ich auch zuweilen den Orat. Verein einladen, in der Kirche zu singen. Geschieht es öfter, so kommt derselbe auch nicht immer vollständig. Als Belohnung für die Kirchenmusik erhält der Direktor von der Stadt jährl. 10 F – sage zehn Gulden! –

Ich bin der Ansicht, daß das Cantatensingen mit Sologesang, wobei nur die Eitelkeit der Singenden mit ins Spiel kommt, so wie die Violinen, Trompeten u. Pauken eigentlich nicht in die Kirche gehören. Ein: „O bone Jesu" von Palestrina, ohne Begleitung schön gesungen, klingt tausendmal andächtiger u. ist ächte, wahre Kirchenmusik. –

Auch ist der neue Stadtmusikus kein Violinist, sondern auch in der Blechmusik zu Hause (früher Militärmusiker) u. kann daher, wie sein Vorgänger Hetsch auch nicht Vorgeiger sein.

An den Festtagen Ostern, Pfingsten, Weihnachten sind alle Studenten abwesend, da lassen dann die Schullehrer ihre Kinder etwas auf der Orgel singen.

Im Orat. Verein wird nur etwa nach 4 Jahren ein Werk wiederholt, daher es mit den Tenor- u. Bassisten jedesmal neu eingeübt werden muß, indem die Studenten nicht über 4 Jahre bleiben. Doch haben diese Leute Begeisterung u. singen brav vom Blatte, so daß Sie gewiß manche Freude in Ihrem neuen Wirkungskreise erleben werden. Kann ich Ihnen irgend in einer Sache weitere Auskunft geben, so werde ichs stets mit Vergnügen thun. Auch werden Sie an unserem Vorstande des Orat. Vereins, Prof. Dr. von Palmer, einen trefflichen Musikus finden, welcher Sie, so wie H. Prof. Dr. Öhler, Vorstand (Ephorus) des evangel. Seminars, sehr unterstützen wird.

Das evangel. Seminar ist im Besitz von einer großen Anzahl Sinfonien u. Ouvertüren. Jedes Jahr können etwa für 30 F. Musikalien angeschafft werden. Die Summe dürfte größer sein. Auch sehr schöne theoretische Werke, Oratorien, Klav. u. Orgelmusik sind vorhanden. Der Orat. Verein besitzt ebenfalls dieselben Oratorien, was insofern bequem ist, als 1 Ex. der Direktor u. 1 Ex. der Spieler braucht. – In der Liedertafel accompagniert der Musikdirektor. Die Kirche besitzt wenig Musikalien, daher ich solche häufig vom Stift oder Oratorium nehme.

Es thut mir nun doch leid, daß ich so ausführlich war. Ich wollte Ihnen freilich eine genaue Übersicht geben. Verzeihen Sie mir daher meine lange u. schnelle Schreiberei.

Indes sollten Sie doch noch zur schnelleren Übersicht eine tabellarische Zusammenstellung der Unterrichtsstunden haben, die ich Ihnen auf der letzten Seite geben werde.

Mit herzl. Verehrung
Ihr ergebenster
Fr. Silcher

Die Unterrichtsstunden des Universitäts-Musikdirektors in Tübingen Im Winterhalbjahr 1859/60

Sonntag von 1 bis 2 Uhr Orchesterprobe im Speisesaal des Stifts.

Montag (des Winters) abends 8 Uhr Liedertafelsprobe im kleinen Museumssaal, Sommers von halb 8 bis halb 9 Uhr.

Dienstag im Convict, Abends 6 Uhr war auch sommers schon auf den Mittwoch verlegt.

Mittwoch Aufsicht im Convict abends 6 Uhr.

Donnerstag, vormittags 10 Uhr im Stift (Speisesaal), im Winterhalbjahr: Choralübungen der ältesten Promotion. Sommers: Chor- u. Quartettgesang mit Sängern aus allen Prom. Donnerstag, Nachmittags von 2 bis 4 Uhr Oratorienprobe im großen Museumssaale.

Freitags (wie Dienstags, Mittwochs) Aufsicht im Convict.

Samstags, Abends 6 Uhr Singstunde im Convict.

Am Tage einer Eröffnung der Liedertafel, gewöhnlich Dienstags, Abends 8 Uhr, ist Mittags um 1 Uhr Hauptprobe im großen Museumssaal.

Ist ein Oratorium ganz einstudiert, so findet die Aufführung Abends im Museumssaale statt.

NACHWORT

Friedrich Silchers Leben weist keine dramatischen Konflikte auf, weder im privaten Bereich noch im beruflichen. Selbst in seinem politischen Engagement blieb er im Hintergrund. Auf die Barrikaden zu steigen, entsprach nicht seiner Natur. Er wurde zu Lebzeiten als Künstler weder verkannt noch befeindet. Wohl mußte er sich gegen manche Entstellungen seiner Volkslieder und manche Raubdrucke zur Wehr setzen. Aber selbst die Kontroversen, die wegen des damals vieldiskutierten Tonziffernsystems, wegen der Einführung des vierstimmigen Choralgesanges in den Gemeinden und wegen der Choralreform geführt wurden, wurden von ihm sachlich, ohne persönliche Aggressionen ausgetragen. Er selbst wurde dabei aber auch nicht in unangebrachter, unsachlicher Weise angegriffen oder befeindet. Das ihm vielfach nachgerühmte Bemühen um einen von gegenseitiger Achtung getragenen Ausgleich mag seinen Teil dazu beigetragen haben.

Es ist ein eigentümliches Phänomen, daß er bzw. vor allem seine inzwischen in der ganzen Welt verbreiteten Lieder dann aber nach seinem Tod durch Entstellungen in Mißkredit gebracht wurden. Seine subtilsten Lieder vor allem fanden die falschen Freunde: jene sentimentalen „Liedles- oder Silcherles-Freunde". Und diese Trivialisierung seiner Lieder verzerrte – und verzerrt z.T. heute noch – das Bild Silchers selbst bei anspruchsvollen Musikfreunden und vor allem bei der Musikfachwelt.

Silcher hat eine Musik für das Kunstbedürfnis der einfachen Menschen geschaffen; eine Musik, die schlicht, aber nicht banal ist, erfüllt von echten Gefühlen, nicht von Rührseligkeiten. Er stellt das Alltägliche und Allgemeingültige dar, indem er es aus der Atmosphäre des Banalen erhebt. Und darum werden seine Lieder auch bis heute noch in den weitesten Kreisen unserer Laienchöre so viel und gern, mit so großer Begeisterung und Freude gesungen.

Friedrich Silcher anläßlich seines 200. Geburtstages neu zu entdecken, bedeutet kein mühsames Unterfangen einer Pflichterfüllung, sondern eine Bereicherung unseres heutigen Musiklebens, eine Bereicherung für die Menschen, deren Herzen und deren Ohren noch nicht verkrustet sind; für Menschen, die sich an Liedern noch erfreuen können, die keine Lastwagenkolonnen voller Mikrophone, Lautsprecher, Mischpulte und Scheinwerfer benötigen, um überhaupt noch „anzukommen". Wenn vieles von dem, was heute als modern angepriesen wird, vergessen sein wird, werden Silchers Lieder immer noch gesungen werden. Und wenn manche seiner Lieder eine Unsterblichkeit im Reiche des Anonymen erreicht haben, wenn also Silcher selbst als deren Autor in Vergessenheit geraten ist, so spricht dies mehr für den Wert seiner Lieder als gegen den Komponisten Silcher, den schlichten, aber genialen Lehrerssohn aus dem kleinen Weinort Schnait im württembergischen Remstal.

Mein Dank...

Den folgenden Bibliotheken und Archiven sind wir zu Dank verpflichtet:

Universitäts-Bibliothek und Universitätsarchiv Tübingen – Evangelisches Stift Tübingen – Stadt-Archiv Tübingen – Mörike-Sammlung Dr. F. Kauffmann, Bremen – Deutsches Literatur-Archiv, Marbach a. N. – Institut für Hochschulkunde, Würzburg – Silcher-Museum des Schwäbischen Sängerbundes, Schnait – Württembergische Landesbibliothek Stuttgart – Stadt-Archiv Stuttgart.

Herrn Carl Lachenmann vom Silcher-Museum sei Dank gesagt für die Zusammenarbeit bei der Bereitstellung der Unterlagen des Silcher-Museums. Besonderer Dank gilt meinem Mitarbeiter Erich Dobelmann für die stets hilfsbereite und aufopfernde Mitarbeit im Silcher-Archiv.

LITERATUR

Ammon, Wilhelm: *Dr. Friedrich Silcher, Musikdirektor in Tübingen,* in: Euterpe, Musikzeitschrift für Deutschlands Volksschullehrer, Leipzig 1860.

Bopp, August: *Friedrich Silcher,* Verlag W. Spemann, Stuttgart 1916.

Dahmen, Hermann Josef: *Silcher in seiner Zeit,* Schreiber-Verlag, Stuttgart 1980.

Ders.: *Silchers Weltgeltung,* in: Programmheft der „Herbstlichen Musiktage Urach" 1982, Seite 14.

Ders.: *Silcher und das Ev. Stift in Tübingen,* Südwest-Presse, Tübingen 2. 8. 86.

Ders.: *Beiträge zur Silcherforschung, Bd. I,* Burgbücherei Schneider, Baltmannsweiler 1987, mit Beiträgen von: Felix Burkhardt, Helmut Döker, Erich Valentin, Dieter Narr, Walter Maier, Joseph Müller-Blattau und Clytus Gottwald.

Ders.: *Beiträge zur Silcherforschung, Bd. II,* Silchers Herkunft, Genealogie der Silchersippe sowie der Familien Weegmann, Sprecher und Enßlin/Gerhart Nebinger und Heinz E. Walter/Zeittafel zu Silchers Leben und Werk/Hermann Josef Dahmen/S. Walter-Verlag, Leingarten-Heilbronn (im Druck).

Ders.: *Friedrich Silchers Vertonungen schwäbischer Dichter,* in: Suevica, Beiträge zur schwäb. Literatur- und Geistesgeschichte, Bd. 4, Seite 67 ff., 1987.

Ders.: *Hermann Kurz' Beitrag zu Friedrich Silchers Volkslied-Werk,* in: Katalog und Ausstellung zum 175. Geburtstag, Reutlingen 1988, Seite 33 ff.

Ders.: *Das Silcher-Archiv im Silcher-Museum,* in: 750 Jahre Schnait im Remstal, Festschrift 1988.

Ders.: *Die Weltbedeutung Friedrich Silchers,* ebenda, Seite 251 ff.

Ders.: *Friedrich Silcher,* in: Baden-Württembergische Porträts (Hans Schumann, Hrsg.), Deutsche Verlags-Anstalt, Stuttgart 1988, Seite 97 ff.

Ewens, Franz Josef: *Die Silcher-Handschriften für die Tübinger Liedertafel,* in: Beiträge zur Silcherforschung, Bd. IV (in Vorbereitung).

Köstlin, Heinrich Adolf: *Geschichte der Musik im Umriß,* Freiburg und Tübingen 1884, 3. Aufl.

Ders.: *Karl Maria von Weber, Friedrich Silcher,* Levy und Müller, Stuttgart 1877.

Metzger, Hans Arnold: *Die Bedeutung Friedrich Silchers für die württ. Kirchenmusik,* in: Wttbg. Blätter für Kirchenmusik, 13. Jg., Nr. 6, 1939.

Nägele, Eugen: *Geschichte und Jubiläum der Tübinger Liedertafel,* Franz Fues, Tübingen 1879.

Walter, Heinz E.: *750 Jahre Schnait im Remstal,* Verlag S. Walter, Leingarten-Heilbronn (Sophie Weishaar: Chronik) 1988.

Wüst, Carl Heinrich: *Aus meinem Leben (1895–1904),* Manuskript o. D.

Zuccalmaglio, Wilhelm von: *Herr Silcher und das Volkslied,* in: Neue Zeitschrift für Musik, Leipzig 1849, Nr. 45, S. 237–240.

Bildnachweis

Archiv Dahmen/Silcher-Museum Schnait: S. 25, 31, 33, 38, 41, 72, 89, 93, 94, 102, 105, 111, 118, 121, 123, 124, 125, 137, 139, 144, 148, 152, 157, 175, 185, 189, 224, 238, vorderer und hinterer Vorsatz

Institut für Hochschulkunde Würzburg: Seite 83, 113; Farbtafeln zwischen S. 64 und S. 65: Tübingen mit Stiftskirche, Wilhelmsstift, Ausfahrt nach Lustnau, Geselliges Leben der Studenten, Studenten unterwegs

Landesbildstelle Württemberg: S. 46, 193, 213

Privatbesitz: Farbtafel: Friedrich Silcher und seine Frau

Städtische Sammlungen Tübingen: S. 100

Städisches Museum Ludwigsburg: S. 35, 51, 201; Farbtafeln: Schloßplatz in Stuttgart, Marktplatz in Tübingen

Universitätsarchiv Tübingen: S. 80 (UAT S 161 Nr. 22)

CIP-Titelaufnahme der Deutschen Bibliothek

Dahmen, Hermann Josef: Friedrich Silcher, Komponist und Demokrat:
e. Biographie / Hermann Josef Dahmen. – Stuttgart; Wien: Ed. Erdmann
in K. Thienemanns Verl., 1989
ISBN 3-522-62650-8

Umschlaggestaltung: Reichert Buchgestaltung in Stuttgart
Satz: Fotosatz Steffen Hahn in Kornwestheim
Reproduktion: Grafische Kunstanstalt Walter Huber
in Ludwigsburg
Druck und Bindung: Graphischer Großbetrieb Friedrich Pustet
in Regensburg
Verlagsnummer 6265
5   4   3   2   1